Centro de Cultura e Arte Negra – Cecan

Dados Internacionais de Catalogação na Publicação (CIP)
(Câmara Brasileira do Livro, SP, Brasil)

Silva, Joana Maria Ferreira da
   Centro de Cultura e Arte Negra – Cecan / Joana Maria Ferreira da Silva. — São Paulo : Selo Negro, 2012.

   Bibliografia.
   ISBN 978-85-87478-49-8

   1. Centro de Cultura e Arte Negra – Cecan – História 2. Consciência étnica 3. Identidade étnica 4. Movimentos sociais 5. Negros – Brasil I. Título.

12-04247   CDD-305.896081

Índice para catálogo sistemático:
1. Brasil : Centro de Cultura e Arte Negra – Cecan : História :
   Ciências sociais   305.896081

Compre em lugar de fotocopiar.
Cada real que você dá por um livro recompensa seus autores
e os convida a produzir mais sobre o tema;
incentiva seus editores a encomendar, traduzir e publicar
outras obras sobre o assunto;
e paga aos livreiros por estocar e levar até você livros
para a sua informação e o seu entretenimento.
Cada real que você dá pela fotocópia não autorizada de um livro
financia um crime
e ajuda a matar a produção intelectual de seu país.

RETRATOS DO BRASIL NEGRO

Centro de Cultura e Arte Negra – Cecan

Joana Maria Ferreira da Silva

CENTRO DE CULTURA E ARTE NEGRA – CECAN
Copyright © 2012 by Joana Maria Ferreira da Silva
Direitos desta edição reservados por Summus Editorial

Editora executiva: **Soraia Bini Cury**
Editora assistente: **Salete Del Guerra**
Coordenadora da coleção: **Vera Lúcia Benedito**
Projeto gráfico de capa e miolo: **Gabrielly Silva/Origem Design**
Diagramação: **Acqua Estúdio Gráfico**
Impressão: **Sumago Gráfica Editorial**

Selo Negro Edições
Departamento editorial
Rua Itapicuru, 613 – 7º andar
05006-000 – São Paulo – SP
Fone: (11) 3872-3322
Fax: (11) 3872-7476
http://www.selonegro.com.br
e-mail: selonegro@selonegro.com.br

Atendimento ao consumidor
Summus Editorial
Fone: (11) 3865-9890

Vendas por atacado
Fone: (11) 3873-8638
Fax: (11) 3873-7085
e-mail: vendas@summus.com.br

Impresso no Brasil

Agradecimentos

Aos amigos do Movimento Negro – especialmente do Centro de Cultura e Arte Negra – que, por meio de depoimentos, informações e empréstimo de documentos, tornaram possível a realização deste livro.

Aos professores que compuseram a banca de qualificação do trabalho que originou esta obra.

A Miguel Chaia, pela orientação e pelo estímulo.

A Déborah Santos, amiga de todos os momentos, pelo apoio.

Ao CNPQ, pela concessão de bolsa de estudos.

Sumário

INTRODUÇÃO 9

1. A PRIMEIRA FASE DO CECAN (1971-1974) –
   O TEATRO FALANDO POR NÓS 17
   A constituição do Centro de Cultura e Arte Negra • 17
   O Coral Crioulo, o grupo teatral e o Cecan • 22

2. A SEGUNDA FASE DO CECAN (1976-1981) –
   A MULTIPLICIDADE DE EXPRESSÕES
   E A CONSCIÊNCIA ÉTNICA 31
   A reorganização • 31
   A atuação das equipes de trabalho • 41
   O Movimento Negro Unificado (MNU) e o Cecan • 48
   O *Jornegro* e a Federação das Entidades Afro-Brasileiras
      do Estado de São Paulo (Feabesp) • 56
   A educação: Manego • 62
   A Feabesp e o Festival Comunitário Negro Zumbi
      (Feconezu) • 66
   Cecan: outras atividades e o seu encerramento • 70

3. **NEGRITUDE E IDENTIDADE NO CENTRO DE CULTURA E ARTE NEGRA** 75

O Teatro Experimental do Negro (TEN) e o Cecan • 75
A transformação • 90

CONCLUSÃO 101

BIBLIOGRAFIA 103

Introdução

Este livro[1] tem como objetivo analisar a trajetória do Centro de Cultura e Arte Negra (Cecan), organização que atuou na capital de São Paulo nas décadas de 1970 e meados de 1980. A análise está centrada em sua proposta de ação, baseada no tema negritude e identidade – ideia fundamental da organização ao longo de sua história.

Desde o período escravocrata, a população negra[2] brasileira tem criado associações, organizações e entidades – como são

---

1. Este livro é uma versão adaptada da tese de mestrado defendida em 1994 na Pontifícia Universidade Católica de São Paulo (PUC-SP), cujo título original era: *Centro de Cultura e Artes Negras – identidade e consciência étnica*.
2. Neste estudo, está implícita a ideia que "[...] se cientificamente 'raça' é um conceito pouco significativo, política e ideologicamente é muito significativo, pois funciona como uma categoria etnossemântica, isto é, política e econômico-social, de acordo com a estrutura de poder em cada sociedade multirracial" (Munanga, 1989, p. 24). Nesse sentido, ao conceito de negro é incorporado o de mestiço de negro e branco, seguindo a perspectiva adotada pelo movimento negro brasileiro.

comumente denominadas – que conduzem o movimento social dos negros na luta pelos mais diferentes objetivos políticos, econômicos, sociais e culturais. Essas organizações podem ser consideradas "consequência direta da confluência entre o movimento abolicionista, as sociedades de ajuda e de alforria e os agrupamentos culturais negros" (Gonzalez, 1982, p. 21). Assim, elas comporão o movimento social negro, e o Cecan faz parte desse tipo de articulação.

O movimento negro será considerado portador de peculiaridades que o diferenciam dos demais movimentos sociais e populares brasileiros. Além de lutar por melhores condições sociais, políticas e econômicas, esse movimento tem como especificidade a luta contra o racismo, a discriminação e o preconceito racial. Tal luta começou quando da chegada do africano escravizado ao território brasileiro. À época, este exercia ações isoladas ou coletivas contra o regime de servidão obrigatória, fosse deixando-se matar pelo rigor do trabalho, pelo "banzo"[3], pelas fugas – muitas vezes sem resultado e sem nenhuma perspectiva –, fosse pelas ações organizadas para compor e manter os quilombos.

Em linhas gerais, a ação do movimento é direcionada à comunidade negra. Durante a escravidão, os libertos participavam da campanha abolicionista militando nas sociedades de ajuda, onde compravam a alforria de outros escravizados. Após a abolição, eles criam organizações que desenvolvem

---

3. De acordo com Borga (2004, p. 161), "banzo" significa "saudade da terra natal; nostalgia: *O negro Celestino até se divertia com aquele estranho banzo dos companheiros*".

trabalhos voltados para o fortalecimento da identidade étnica e para a vivência dos valores africanos na diáspora. Outras organizações, ainda, atuam no desenvolvimento social e profissional.

De acordo com Moura (1982, p. 47), estudioso da história do negro brasileiro, este sempre foi um organizador:

> Durante o período no qual perdurou o regime escravocrata e no pós-abolição, mesmo nesse período de marginalização, ele se manteve organizado, com organizações esporádicas, frágeis e um tanto desarticuladas, mas sempre constantes. A organização de quilombos, de confrarias religiosas, irmandades, dos cantos na Bahia, dos grupos religiosos afro-brasileiros como o candomblé, terreiros de xangô e mesmo a umbanda, mais recentemente, são exemplos significativos. Com isso, ele procurava obter a alforria, minorar a sua condição de oprimido e, posteriormente, fugir à situação de marginalização que lhe foi imposta após o 13 de maio.

Moura (*ibidem*) afirma que essa tendência organizativa não surge por acaso:

> [...] são grupos que se identificam [...] por uma marca que a sociedade lhes impõe e, ao invés de procurar fugir dessa marca, transformam-na em herança positiva, organizam-se através de um *ethos* criado a partir da tomada de consciência da diferença que as camadas privilegiadas em uma sociedade etnicamente diferenciada estabeleceram.

CENTRO DE CULTURA E ARTE NEGRA – CECAN

O Centro de Cultura e Arte Negra é parte desta resistência histórica e uma das entidades que compunham o movimento negro dos anos 1970 e 1980, época em que as associações negras tinham um trabalho muito voltado para a recreação, o lazer e a formação profissional. O Cecan foi uma das primeiras organizações negras, na capital de São Paulo, a trabalhar a ideia da negritude – isto é, a importância da consciência étnica –, afirmando a necessidade de que a redescoberta do negro, com base na recuperação do domínio cultural e histórico, faça-se cada vez mais sob a égide da identidade.

A partir de 1977, foi uma das poucas entidades com essas características a ter uma sede social e a oferecer um espaço no qual os negros de São Paulo se encontravam. Maria Lúcia da Silva, tesoureira do Cecan, afirmou em entrevista[4] que "todas as discussões acerca do movimento negro ocorriam no interior do Cecan. O centro era referência para todos os negros que viessem de outras cidades tanto do interior de São Paulo como de outros estados brasileiros".

Ao arrolar os grupos negros dos anos 1970, Moura (1982, p. 71) cita o Cecan como "uma entidade que nasceu voltada para a África, como uma nova pátria, na base da diáspora negra e como a que congregou em seu corpo social não apenas intelectuais, mas muitos negros de baixa renda". Entre os fatos que influenciaram a criação do Cecan, Gonzalez (1982, p. 30-1) aponta "os acontecimentos internacionais: a luta pelos direitos civis nos Estados Unidos e as guerras de libertação dos povos negros africanos de língua portuguesa, influenciando os ne-

---

4. Entrevista realizada em 27 de agosto de 1990.

Joana Maria Ferreira da Silva

gros paulistas [...] Nesse sentido, tem-se a retomada do teatro negro pelo Cecan em São Paulo".

Assim, o Cecan atuou pela criação de uma identidade étnica, recuperando os valores culturais do povo negro por meio da mobilização e, simultaneamente, do resgate da história e da cultura incorporando, em ambos, os elementos de luta e resistência. Além disso, no início, o Cecan buscava sensibilizar o branco para a situação social, econômica e política do negro na sociedade brasileira, assim como denunciar o racismo e a falsa democracia racial. Depois, a associação voltou-se exclusivamente para a comunidade negra.

Este livro parte da hipótese de que o Cecan esteve vinculado, originalmente, ao Teatro Experimental do Negro (TEN), tendo sofrido transformações, no decorrer de sua existência, tanto em seus instrumentos de atuação quanto em sua proposta de ação. Assim, a obra reflete sobre os limites e as possibilidades da proposta do Cecan, supondo que organizações como essa fazem avançar o movimento negro. Para fins didáticos, a história do Cecan será categorizada em dois momentos distintos: o primeiro, de sua fundação, em 1971, até 1974, teve como atividade única um grupo teatral; o segundo, de 1976 a 1981, consegue levar a cabo a ideia de ser um centro com diversos tipos de atividade.

Aqui, a negritude é trabalhada como um conjunto de ideias que se contrapõem à ideologia racial brasileira, com ênfase na afirmação e na reabilitação de uma identidade étnica.

A questão da identidade étnica, um dos elementos fundamentais da negritude, tem por base a concepção de Manuela Carneiro da Cunha, que considera tal identidade como possuidora de um conteúdo político – no sentido de núcleos de manutenção ou mudança cultural do próprio grupo – e de resistência. Ela considera, também, que toda identidade se define em relação a algo que lhe é exterior, como uma diferença e "uma resposta política a uma conjuntura" (1985, p. 206). Aqui, essa temática terá como parâmetro a produção conceitual e teórica de Kabengele Munanga, que vem contribuindo sobremaneira para o debate da questão.

Por não haver estudos detalhados sobre o Cecan, mas apenas trabalhos que apontam sua existência, a pesquisa foi realizada em documentos da própria organização: atas, relatórios de reuniões de equipes de trabalho e de coordenações, regimento interno, relatórios de avaliações; jornal *Jornegro* (órgão de divulgação do Cecan e da Federação das Entidades Afro-Brasileiras do Estado de São Paulo); correspondências recebidas de indivíduos e associações negros; panfletos e folhetos de atividades realizadas. Além desses documentos, foram pesquisados os depoimentos dos seus fundadores e de alguns participantes.

No Capítulo 1, destacamos a primeira fase do Cecan: a origem da entidade, sua proposta de ação, a maneira pela qual o teatro foi utilizado como instrumento de conscientização étnica e de denúncia contra o racismo e o encerramento da atividade teatral.

No Capítulo 2, enfatizamos a segunda fase do Cecan, na qual a organização continuou com uma das propostas iniciais – conscientização do negro para seus valores culturais e históricos, no intuito de fazer brotar uma identidade étnica e racial –, ampliou seus instrumentos de ação e incorporou atividades educacionais (cursos de inglês, madureza, alfabetização etc.) e eventos diversos. Além disso, participou da fundação do *Jornegro*, assumindo posteriormente a direção deste veículo e da Federação de Entidades Afro-Brasileiras do Estado de São Paulo (Feabesp), promoveu várias atividades culturais – como simpósios, palestras, debates, exposições de arte –, organizou uma biblioteca e propiciou condições para a criação de outros grupos negros. Houve, também, modificação em seu estatuto social, que passou a incluir como finalidade, além da promoção de atividades de caráter cultural, recreativo e desportivo, a pesquisa, a promoção e a defesa da cultura negra. Nesse momento, é marcante sua proposta voltada inteiramente para a comunidade negra. O segundo capítulo também aponta as divergências e cisões no interior da organização.

O Capítulo 3 analisa a proposta de ação do Cecan, bem como sua suposta vinculação ao Teatro Experimental do Negro (TEN) e posterior transformação. Inicialmente, seu instrumento de atuação foi o teatro. Nessa segunda fase, esse instrumento se amplia e negritude e identidade emergem como vertentes ideológicas em conflito. Com base nessa dinâmica na trajetória organizacional refletimos sobre o significado do movimento para a comunidade negra e as razões do seu encerramento.

Na conclusão, são apontados os limites das organizações com propostas restritas ao aspecto etnorracial.

1. A primeira fase do Cecan (1971-1974): o teatro falando por nós

A CONSTITUIÇÃO DO CENTRO DE CULTURA E ARTE NEGRA

O Cecan surgiu em 1971, em São Paulo, quando o país experimentava um momento de convulsões em decorrência da ditadura militar instituída em 1964. Estávamos no governo Médici, na fase pós AI-5, marcada por forte repressão: desmantelamento do espaço político, início de uma ação mais violenta contra a guerrilha urbana e censura a todos os meios de comunicação.

A idealizadora e fundadora do Cecan, Thereza Santos, veio do Rio de Janeiro para São Paulo, no final de 1969, fugindo da repressão política. Ex-militante da Juventude Comunista e do movimento estudantil, tendo também atuado nos Círculos Populares de Cultura (CPC) da União Nacional dos Estudantes (UNE), Thereza vivenciou o clima de efervescência social e cultural que invadiu a sociedade brasileira nas décadas de 1960 e 1970. Naquele momento, o Brasil vivia um clima de descoberta de si mesmo: subdesenvolvimento dependente e colonizado, ele irá, pelas mãos da vanguarda progressista e de esquerda, sofrer um redirecionamento cultural altamente significativo. O CPC da UNE, o Teatro do Oprimido, o Teatro de Arena, o Cinema Novo, entre outros, representam um esforço ao debate, ao questionamento e à ousadia. Alienação/consciência; classe média-burguesia/proletariado; subdesenvolvimento/desenvolvimento; vanguarda/povo são temas polêmicos, nos quais se envolvem, para a sua compreensão, significativas parcelas da intelectualidade e do meio artístico. (Nascimento, 1989, p. 98)

A posição de Thereza Santos dentro da política de esquerda e do movimento negro foi *sui generis*. Entre os fatores que contribuíram para isso estão: sua consciência aguçada acerca da questão do negro na sociedade brasileira – viabilizada, certamente, por sua vivência como mulher negra nos grupos de "esquerda"; o trabalho com crianças negras no Morro da Mangueira (Rio de Janeiro); a participação, como atriz, no Teatro Experimental do Negro; e uma aproximação estreita com Abdias Nascimento, fundador do TEN e amigo pessoal de sua família.

No contato com a esquerda comunista, descobri que eles não tinham nenhum compromisso com o negro e nenhuma consciência da realidade do negro no Brasil [...] fui [...] automaticamente ganhando consciência e dizendo para mim mesma: "Este não é o meu caminho. Eu quero trabalhar com minha raça". Achava que alguém tinha que lutar, porque o branco ia continuar nos paternalizando enquanto estivéssemos no mesmo espaço que eles, e só isso [...] Minha ideia era trabalhar pela consciência negra, para que as pessoas soubessem quem eram, se descobrissem como indivíduos negros nesta sociedade [...] a preocupação era a identidade, essa coisa do negro saber quem é, saber sua história, saber o que pode fazer por ela e pela vida dentro desta sociedade racista e discriminatória.[5]

Thereza Santos percebeu, assim, a dificuldade de compreensão, pela esquerda comunista, da problemática racial no país – dificuldade que não era exclusiva daquele grupo, mas permeia até hoje o discurso da maioria da população brasileira. Discurso esse que apregoa que o preconceito em relação ao negro relaciona-se a diferenças econômicas e "[...] quaisquer que possam ser as desigualdades entre brancos e negros, elas não são o resultado de considerações raciais, mas advêm da classe e da baixa posição dos negros" (Hasenbalg, 1979, p. 243); resolvendo-se o social, essa situação desaparece. Essa posição vai ao encontro da ideologia da democracia racial brasileira gestada lentamente, após a abolição, pela elite intelectual.

A democracia racial é uma idealização acerca da composição étnica brasileira assumida tanto no nível acadêmico quanto no oficial e popular, na compreensão das relações raciais. Ela termina por falsear a verdadeira face de uma sociedade racista que, por meio de mecanismos poderosos e sutis, bloqueia

---

5. Entrevista realizada em 24 de março de 1994.

os negros em seus projetos de participação social, cultural e política, escondendo uma realidade marcada por contradições e antagonismos.

O preconceito e a discriminação contra o negro baseiam-se no racismo, que é uma construção ideológica elaborada historicamente para justificar a dominação de um grupo sobre outro, tanto cultural quanto econômico-socialmente. O racismo propaga a existência de uma hierarquia de "raças" na espécie humana – inferiores e superiores –, e em nome dela é exercido o poder de dominação e exploração. Veja-se, por exemplo, o *apartheid* que vigorou na África do Sul por séculos e o genocídio cometido contra judeus na Segunda Guerra Mundial. Esses acontecimentos mostram que o racismo é um fato concreto e palpável. Portanto, se o conceito "raça", no nível científico, tem pouco significado, ele adquire extrema relevância nos níveis político e ideológico (Munanga, 1989, p. 24).

Voltando às origens do Cecan, cabe lembrar que, no início dos anos 1970, o movimento negro passou por um período de refluxo, existindo apenas grupos que atuavam em um nível mais recreativo, de lazer e de formação profissional. Algumas décadas antes, porém, duas instituições se destacaram: a Frente Negra Brasileira (FNB) e a Associação Cultural do Negro.

Criada em 1931, a Frente Negra Brasileira foi a primeira organização negra que conseguiu atrair a quase totalidade das associações existentes na época, inclusive as recreativas, as culturais e as beneficentes. "Ela sintetizou um trabalho anterior identificado a partir de *O Menelinck* (1915), o primeiro jornal de que se tem notícia no qual o protesto negro ensaiou seus passos iniciais, até se consolidar como um movimento organizado e de grandes proporções" (Nascimento, 1989, p. 67).

A FNB procurou desmascarar a democracia racial, negando a eficácia para o negro da ordem legal estabelecida, denunciando que a liberdade e a igualdade conquistadas após a abolição e a República eram meramente formais, servindo apenas aos brancos. Os integrantes desse movimento lutavam pela integração do negro à sociedade e denunciavam o racismo e a falta de oportunidades para ele. Ao mesmo tempo, atuavam na preparação profissional dos seus membros. Porém, "quem define os rumos da 'ressocialização do negro', ex-escravo, defrontando-se com problemas que dizem respeito à sua sobrevivência, enquanto grupo étnico diferenciado e enquanto parte da sociedade brasileira, é, até certo ponto, a ideologia 'branca'" (Nascimento, 1989, p. 76). A Frente Negra Brasileira foi desarticulada em 1937, com o início da ditadura de Getulio Vargas.

Já a Associação Cultural do Negro (ACN), fundada em 1954, caracterizou-se por intensas atividades culturais e artísticas, visando criar uma ideologia para o negro paulista e brasileiro. Seu presidente, Geraldo de Campos e Oliveira, imprimiu à entidade um ritmo de atividades muito intenso e dinâmico. Editou os *Cadernos de Cultura Negra*, em 1958, e centralizou atividades comemorativas dos 70 anos da abolição. À ACN juntaram-se o Teatro Experimental do Negro (TEN), e o Teatro Popular Solano Trindade, assim como outros grupos negros. A Associação organizou, ainda, conferências com vários intelectuais brancos, entre eles Florestan Fernandes e Sérgio Milliet, ao lado de negros como Abdias Nascimento, do TEN, e Solano Trindade (Moura, 1982).

CENTRO DE CULTURA E ARTE NEGRA – CECAN

O que diferencia o Cecan da Associação Cultural do Negro e da Frente Negra Brasileira é o fato de sua liderança apresentar discurso e práxis que almejavam construir uma consciência negra e uma identidade étnica, resgatando e reinterpretando uma história escrita pelo branco e uma cultura própria ao seu grupo étnico – algo que não aparecera até então.

O CORAL CRIOULO, O GRUPO TEATRAL E O CECAN

Antes da oficialização do Cecan, havia um grupo composto de aproximadamente 20 negros, organizados por Eduardo de Oliveira e Oliveira e K. Massangu, ambos sociólogos e músicos – um brasileiro e o outro angolano. Esse grupo compunha o Coral Crioulo.

O coral foi criado e preparado para apresentar-se na Feira Internacional da Indústria Têxtil (Fenit) de 1969. Temendo que após a feira o coral se desintegrasse, seus líderes entraram em contato com Thereza Santos. Ela soubera do coral por intermédio de Odacir de Mattos, ex-integrante da Associação Cultural do Negro, jornalista e realizador de uma matéria para a revista *Realidade* sobre o preconceito racial no Brasil. Juntos, eles decidiram montar um grupo de teatro.

Eduardo de Oliveira e Oliveira afirmou que seu encontro com Thereza Santos foi providencial: "Depois do 'fracasso positivo' que foi o Coral Crioulo – o qual esteve ameaçado de tornar-se bizantino –, era preciso dar continuidade a um trabalho que se tinha mostrado positivo, mas que se dirigisse pelo

Joana Maria Ferreira da Silva

menos a um público mais amplo"[6]. Thereza Santos declarou que, naquele momento,

> a coisa que mais dominava era o teatro, e Eduardo tinha uma sensibilidade muito grande. Queríamos pôr para fora as coisas que sentíamos em relação à realidade do negro neste país, mas se fôssemos escrever um livro, como iríamos publicá-lo? Por outro lado, tínhamos o grupo já ampliado para 36 pessoas, então concluímos que o teatro seria o veículo, o instrumento ideal para nossas pretensões. Assim, decidimos escrever uma peça teatral [...] No processo de criação e preparação da peça, sentimos um forte desejo de ampliar as atividades e levar a consciência para um contingente maior de negros. Assim, veio a ideia do Centro de Cultura e Arte Negra.

Então, Eduardo e Thereza uniram sua experiência pessoal à militância pela causa negra. Ambos tinham profunda consciência da problemática racial. Eduardo conhecia muito bem a literatura negra, em especial a de escritores de língua francesa, como Aimé Césaire e Léopold Senghor – escritores responsáveis por tornar público, por intermédio de um movimento denominado, posteriormente, negritude, a situação de exploração cultural, econômica e política do negro. Thereza, por sua vez, tinha ampla vivência no Teatro Experimental do Negro.

---

6. Texto escrito por Eduardo de Oliveira e Oliveira e extraído do catálogo de apresentação da peça "E agora... falamos nós", encenada em 1971.

Dessa forma, o Centro de Cultura e Arte Negra foi criado em 27 de junho de 1971 e oficializado em 2 de setembro desse mesmo ano. Consta no estatuto social que a sua finalidade seria a promoção de atividades sociais, recreativas, desportivas e culturais e que a organização não tomaria parte em manifestações de caráter político, religioso ou de classe.

O grupo de teatro fez sua primeira apresentação pública em 26 de novembro de 1971, com a peça "E agora... falamos nós", escrita por Eduardo de Oliveira e Oliveira e Thereza Santos, que também fazia o trabalho de direção. A parte musical foi organizada por E. Massangu e a coreografia por Valdir Gonçalves.

Catálogo de apresentação da peça "E agora... falamos nós".

Nessa primeira fase do Cecan, calcada no teatro, o objetivo principal era mostrar a história do negro segundo seu ponto de vista, ressaltando a importância da consciência étnica para a superação da problemática racial no país. "E agora... falamos nós" mostrava de um lado o sofrimento, a luta, a resistência, enfatizando que a escravidão não foi tão amena como faz crer a historiografia oficial. De outro, reafirmava a não passividade do negro. Era uma colagem em dois tempos: o primeiro versava sobre o cativeiro e a liberdade; o segundo ia da liberdade ao reconhecimento, numa trajetória marcada por preconceito racial, péssimas condições sociais e econômicas, falta de oportunidades, sentimento de inferioridade e resistência. Essas mensagens eram transmitidas, também, por poemas e músicas de negros brasileiros, africanos e da diáspora: Agostinho Neto, David Diop, Antonio Jacinto, Jorge de Lima, Nicolas Guillén, Aimé Cesaire, Bernard B. Dadié, Castro Alves, Léopold Senghor, Solano Trindade, Charlain Galvão, Ascenso Ferreira, Carlos Assunção, Milton Nascimento. Foram usadas também canções do folclore angolano.

O espetáculo utilizava os seguintes elementos para atingir a consciência negra:

- **a origem africana** – atores exaltavam a terra de valentes guerreiros, a liberdade e a felicidade, com *slides* mostrando um pôr do sol na África e um mapa do continente no século XII;
- **a escravidão na África** – contando a chegada dos europeus e a luta desigual entre estes e os africanos, *slides* mostravam levas de escravos e os instrumentos de tortura;

- **o comércio de negros** – a apresentação abordava o sofrimento, o navio negreiro e o número total de africanos deportados; eram citados os diversos grupos étnicos trazidos para o Brasil;
- **a resistência do negro** – retratavam-se as fugas, os quilombos (em especial o de Palmares), os heróis Ganga Zumba e Zumbi e os abolicionistas José do Patrocínio, Rebouças, Silva Jardim, Luiza Mahin, Joaquim Nabuco e Luiz Gama;
- **a abolição no Brasil** – a peça fazia menção à liberdade oficial e à falta de preparo para enfrentar a nova situação, a ausência de respaldo do governo, a inexistência de terras onde os negros pudessem fixar-se etc.;
- **a perda da identidade étnica** – mostrava-se a destruição de documentos sobre a escravidão, simbolizando a destruição social do negro, que não tem claro quem é, de onde veio e por que veio; alguns atores imitavam de modo grotesco a sociedade branca, enquanto outros procuravam de maneira sôfrega a identidade perdida, correndo desordenadamente pelo palco;
- **a resistência** – mostrada pelos poemas de Agostinho Neto e Bernard B. Dadié de exaltação à cor e às características físicas do negro, por músicas de Milton Nascimento e por *slides* com negros que se destacaram na luta racial em São Paulo;
- **opressão, marginalização, discriminação e os estereótipos que perpetuam o racismo** – apresentaram-se cenas de homens e mulheres sofrendo racismo no emprego, na rua, em diversos locais públicos, em um presídio (os atores relatavam situações de opressão e miséria que levam à marginalização), cantigas e ditos populares com conteúdo racista, situações de violência policial.

O grupo teatral era heterogêneo: havia desde estudantes negros da Faculdade Mackenzie até indivíduos com quase nenhuma escolaridade. O grupo era composto por uma classe média negra e por membros mais pobres, residentes na Vila Brasilândia. De início, os organizadores tiveram de trabalhar a conscientização do grupo, e foram realizados debates e leituras acerca de questão racial. Os trabalhos eram trazidos por Eduardo de Oliveira e Oliveira. Como sociólogo, ele tinha contato constante com o movimento negro dos Estados Unidos e da Europa, e detinha um vasto material sobre os poetas da negritude. Os textos eram traduzidos por ele e, junto com a produção de autores nacionais, trabalhados pelo grupo. De acordo com Thereza Santos, tudo que era utilizado na montagem da peça – cenário, roupas etc. – foi patrocinado e confeccionado pelo próprio grupo, o que gerou uma grande união e coesão grupal; as reuniões e os ensaios eram realizados nas residências dos integrantes do grupo.

Entre os objetivos do grupo teatral estavam levar a consciência racial para os negros, para que se tornassem multiplicadores da causa negra, e despertar o branco para a problemática negra e para a falsa democracia racial. Após o espetáculo, abria-se um debate com o público. Segundo Thereza Santos,

eu e Eduardo pensávamos que o grupo tinha que ser multiplicador, e para isso ele precisava ter consciência do que ia fazer, daí a nossa preocupação de discutir cada situação, cada realidade em relação ao negro desse país, para que eles aprendessem. Por exemplo: terminada a peça, o elenco sentava na beira do palco e discutia com o público; quando havia perguntas mais complicadas, nós intervínhamos. Era um "bate-bola" muito gostoso [...] e muito interessante ver o grupo discutindo com o povo, como se tivesse toda uma preparação de nossa realidade do negro, mas aprenderam em cima do texto.

É importante ressaltar a peculiaridade desse grupo. Ao mesmo tempo que seus membros aprendiam a fazer teatro conscientizavam-se etnicamente, tornando-se multiplicadores da consciência negra.

Não havia preocupação com o sucesso. A ideia, segundo Thereza, "era que cada um levasse para casa um pouco de nós, éramos desconhecidos; queríamos que nos olhassem como pessoas que desejavam participar desta imensa sociedade, para a qual contribuímos para que fosse o que hoje é". Para ela, o grupo

> também não tinha pretensões críticas nem polêmicas, nem se dirigia a ninguém em particular. Apenas caracterizava um momento "em situação", que bem valia ser pensado e ou refletido; além do fato de querermos chamar a atenção para coisas nossas, onde o negro é, indiscutivelmente, figura de peso [...] Já era tempo de voltarmos as costas ao Atlântico e nos olharmos um pouco e esquecer "esse negócio de *I love you, et mon amour e de Paris, je t'aime...*"

O grupo teatral apresentou-se no Museu de Arte de São Paulo (Masp), fez uma temporada no Teatro da Universidade Católica de São Paulo (Tuca) e atuou em pequenos auditórios de outras faculdades. Permaneceu vivo até 1974.

Joana Maria Ferreira da Silva

Em 1972, houve uma tentativa de ampliação das atividades do Cecan. Uma assembleia foi realizada em 29 de julho de 1972, na Associação Cultural do Negro[7], na qual foram apontadas e aprovadas as seguintes propostas: criação de atividades voltadas para o campo cultural e criação de departamentos e comissões de trabalho. Além disso, a partir de então, a diretoria passou a ter a seguinte composição: presidente – Emiliano de Oliveira; vice-presidente – Odacir de Mattos; secretário geral – Thereza Santos; primeiro secretário – José Egydio Jr.; primeiro tesoureiro – Roberto Luiz Cambraia; segundo tesoureiro – Luiz Antonio de Paula.

Meses depois da realização dessa assembleia geral, por divergências internas entre os coordenadores do grupo teatral e o presidente, relacionadas com o destino que se daria à arrecadação de bilheteria nas apresentações, a diretoria afastou-se. Apenas o vice-presidente permaneceu, vindo a afastar-se mais tarde por motivos pessoais. Desse modo, as propostas aprovadas em assembleia não foram colocadas em prática, e até 1974 o Cecan teve o Departamento Teatral como única atividade.

Em maio de 1974, Thereza Santos, perseguida por seu passado como militante do Partido Comunista, deixou o país, viajando para Angola. Observa-se que, após sua saída, o grupo teatral desmantelou-se. A coordenadora, ao que parece, encabeçava e dava vida ao grupo. Isso ocorria, provavelmente, em razão do seu preparo e grande conhecimento da atividade teatral, não havendo ninguém, naquele momento, que a substituísse. Antes de partir, Thereza Santos sugeriu ao vice-presi-

---

7. Localizada na rua Jaboatão, 124, no bairro da Casa Verde.

dente, Odacir de Mattos, que desse continuidade ao Centro. Depois de um interregno de dois anos, em 1976 o Cecan retomou seu trabalho.

2. A segunda fase do Cecan (1976-1981): a multiplicidade de expressões e a consciência étnica

A REORGANIZAÇÃO

Após o desmantelamento do Departamento Teatral do Cecan e a ida de sua coordenadora para o exterior, somente em meados de 1976 iniciaram-se articulações para o retorno efetivo de suas atividades, por intermédio do vice-presidente Odacir de Mattos. Este acreditava que o Cecan seria o espaço adequado para uma atuação voltada para a consciência negra, entendida por ele como a prioridade do momento. Para Mattos (1983, p. 93-4),

> a colonização cultural era um dos mais sérios problemas do brasileiro branco e negro, mas que atingia mais gravemente o negro, terminando por gerar problema de personalidade. A distorção da própria imagem [...] e o fato de muitos negros envergonharem-se de suas qualidades reais, ao mesmo tempo que aceitam, por uma questão de autoafirmação, a imagem caricata que o branco lhes im-

pinge. Pior ainda é a folclorização dos valores culturais negros, que atingem um nível tal que, em algumas ocasiões, o próprio homem (mulher) negro acaba virando folclore e passa a aceitar e adotar, para referir-se a si próprio, os mesmos estereótipos que o branco emprega. É preciso, então, valorizar todos os nossos padrões estéticos, morais e físicos: enfim, tudo que consideramos importante. Toda ação de uma pessoa, conscientemente ou não, baseia-se nos conceitos que ela tem de si mesma. O negro precisa formar sua autoimagem sem medo da crítica de outros grupos sociais e sem se preocupar com a aceitação ou não do negro – como realmente somos – por parte dos outros.

Odacir de Mattos retomou as atividades no Cecan, nessa segunda fase, enfatizando a colonização cultural como um dos fatores determinantes para a distorção da imagem e da consciência negra. Além do mais, ele apontou o perigo da folclorização da cultura negra, propondo uma recuperação crítica dos valores negros para que a população alcançasse consciência e autoimagem positivas.

Assim, ainda em 1976, foi elaborado o novo estatuto social do Cecan. O objetivo era dar continuidade à decisão aprovada na primeira assembleia, realizada em 1972. Essa minuta foi registrada no Primeiro Cartório de Registro de Títulos e Documentos Dr. Mario Cunha, em 4 de outubro de 1976, e a entidade consta como órgão representativo de "amadores pesquisadores da cultura negra em todas as suas manifestações, não distinguindo, entre seus associados ou simpatizantes, raça, cor ou credo religioso, sendo, contudo, uma entidade apolítica" (Estatuto do Cecan, 1976, p. 1).

A partir de então, o Cecan passou a ter como finalidade a pesquisa de todo tipo de cultura, em particular a negra; a promoção de cursos, seminários e conferências de cunho cultural ligados ou não a assuntos afro-brasileiros; o trabalho pelo desenvolvimento intelectual, cultural, cívico e moral dos sócios; a promoção de atividades artísticas, culturais, sociais e desportivas, em todas as suas manifestações: manter intercâmbio sociocultural entre o Brasil, os países africanos e demais nações em que houvesse a influência da cultura negra; manter relações culturais com a Société Africaine de Culture (SAC) e com entidades americanas congêneres; fazer representar-se nos poderes constituídos; lutar pelo maior prestígio da cultura negra e da nobre missão de representar; lutar pelo maior desenvolvimento do espírito de irmandade entre os indivíduos de qualquer raça, respeitando as normas dos direitos da pessoa humana, bem como os princípios espiritualistas e democráticos que fundamentam a organização (*ibidem*, p. 2).

É importante assinalar que, em relação ao primeiro estatuto, há uma ampliação nas finalidades do centro, com referência explícita à cultura negra e aos assuntos afro-brasileiros. O intercâmbio entre Brasil, países africanos e outros onde houvesse influência da cultura negra, as relações com a SAC e com entidades congêneres similares e a definição do Cecan como órgão representativo de pesquisadores da cultura negra não apareciam no estatuto anterior. Outro aspecto importante é a manutenção do artigo pela não participação da entidade em qualquer ação, manifestação ou propaganda de caráter político-partidário – embora o Brasil começasse a vivenciar uma tímida abertura.

A ampliação das finalidades deveu-se a uma maior mobilização do negro – o que não podia ocorrer em 1971, época de seu primeiro estatuto, quando a repressão ditatorial brasileira atingiu o ápice. A referência explícita à cultura negra é provável fruto da fase vivida pelo movimento negro, quando se apontava a necessidade de recuperar as raízes negras para criar uma identidade. Acreditava-se que a cultura desempenharia um papel fundamental no processo da constituição dessa identidade étnica.

Convém ressaltar ainda que, no primeiro momento, o Cecan intentava conscientizar o branco quanto à questão racial negra, ao passo que na segunda fase prevalece a ideia de uma atuação voltada somente para o interior da comunidade negra.

Segundo Maria Lúcia da Silva, para a entidade,

> era um momento de recuperar os grupos culturais tidos como folclóricos, para mostrar que o negro era mais do que aquilo que era mostrado, visualizado. Ele se voltava mais para dentro, para atingir a comunidade negra, não para atingir a comunidade branca. Aliás, "branco não entra", porque toda vez que o branco chegava nas reuniões era para dizer o que tínhamos que fazer e não para deixar que a gente fizesse como achássemos melhor.

O grupo que reiniciou as atividades no Cecan caracterizava-se por ter vasta experiência no movimento negro. Alguns de seus membros vieram da já citada Associação Cultural do Negro;

outros eram oriundos do chamado Grupo Decisão; e outros haviam militado na Liga Operária[8]. Apenas um membro participara da diretoria anterior do Cecan, mas sem uma intervenção concreta nos trabalhos do departamento teatral.

Segundo Milton Barbosa, que foi vice-presidente do Cecan na época, o Grupo Decisão originou-se

> de um grupo de amigos de adolescência dos bairros Bela Vista e Ipiranga. Na década de 1960, eles se juntavam no centro de São Paulo, entre a Praça da República e o Viaduto do Chá, ponto de encontro dos negros paulistas. Reuniam-se para discutir questões diversas: desde informação sobre festas negras até problemas do dia a dia. Esses amigos reencontraram-se na Universidade de São Paulo e juntaram-se a outros estudantes negros que discutiam e refletiam sobre a problemática racial no espaço universitário. Eles editavam o jornal mimeografado *Árvore das Palavras*, que versava sobre o mesmo tema.[9]

Almejando atingir um maior número de negros, esse pequeno grupo saiu do circuito universitário e foi participar da Escola de Samba Vai-Vai. Seus componentes encabeçam um movimento para que se realizasse a primeira eleição para a diretoria da escola, participando com uma chapa de oposição. Perderam a eleição, mas conseguiram formar a chamada "Ala do Cala-Boca",

---

8. Importante organização operária socialista e trotskista brasileira fundada em 1972 e extinta em 1978.
9. Entrevista realizada em 17 de abril de 1991.

composta por cerca de 60 pessoas, que desfilavam com fantasias mais artesanais e abordando a temática afro.

O Grupo Decisão refletia acerca dos espaços negros, de sua folclorização e invasão por intelectuais e pessoas da classe média branca. Ainda na década de 1970, fez contato com Angela Guillen, pesquisadora negra americana que estudava de que forma a língua – especialmente a gíria – desempenhava importante papel na resistência negra. Ao trazer inúmeras informações sobre o movimento negro americano, Guillen influenciou profundamente o grupo, que a comparava a Angela Davis[10].

Em relação à cultura negra, Maria Lúcia da Silva afirma que o Cecan

> entendia que ela garantiu a sobrevivência do negro, enquanto grupo étnico, e tínhamos que resgatá-la, indo contra a folclorização e passando, por meio do trabalho, a ideia de cultura negra dentro de uma visão histórica, filosófica e de defesa do grupo. Nessa perspectiva, acreditávamos estar buscando o ego rompido pelo colonizador.

Segundo Rafael Pinto[11], também membro do Cecan nessa segunda fase,

---

10. Importante ativista negra e feminista americana que militou no partido comunista de seu país e chegou a ser presa acusada de envolvimento com os Panteras Negras. Hoje é professora universitária e combate especialmente o sistema carcerário dos Estados Unidos.
11. Entrevista realizada em 23 de janeiro de 1991.

tínhamos que recriar o que nós chamávamos de linguagem negra e definir uma identidade, o que é ser negro. Além da ideia de cultura negra como aquilo que foi folclorizado – alimentação, música, dança, religião etc. –, começaram a surgir outras coisas que para nós seriam também consideradas cultura negra: a produção de livros, de jornais, de uma arte plástica feita por negros e, na maioria das vezes, com temática negra.

Após as atividades na Escola de Samba Vai-Vai, foram feitos contatos com outras organizações: Grupo Evolução, de Campinas, que atuava como grupo teatral; Negros do Bairro Casa Verde, cujos membros eram vinculados ao poeta Solano Trindade e se encontravam todos os domingos na feira de artesanato da Praça da República (alguns para vender seus produtos artísticos, outros para conversar sobre problemas raciais); e Casa da Cultura e Progresso (Cacupro), sediada no bairro do Ipiranga. Já bastante numeroso, o grupo participou da campanha política de um candidato negro, Milton Santos[12], que concorria a uma vaga de deputado estadual pelo MDB.

Os outros membros que passaram a militar no Cecan conheceram-se em eventos negros. Estes eram constantes na cidade de São Paulo: além da reativação do Cecan,

---

12. Vereador paulista pelo PMDB e membro do Conselho de Participação e Desenvolvimento da Comunidade Negra, primeiro órgão público voltado para o apoio dos movimentos sociais afro-brasileiros. O CPDCN foi criado em 1984, no governo de Franco Montoro.

os anos pós-75 podem ser tomados como parâmetro de crescimento dos eventos e grupos, na capital e no interior. É desse período, por exemplo, o Grupo de Divulgação da Arte e Cultura Negra (Gana), de Araraquara; o Teatro Zumbi, de Santos; o Grupo Rebu, posteriormente chamado Congada, de São Carlos e o Grupo Vissungo, de São Paulo. A I Semana do Negro na Arte e na Cultura é realizada em maio de 1975; o I Encontro de Entidades Negras de São Paulo, Rio de Janeiro e Ex-Guanabara, no início de 1976; e o II e o III Encontros no Rio de Janeiro e em São Carlos, respectivamente. (Nascimento, 1989, p. 93)

Considera-se que os fatores de ordem econômica, social e política contribuíram para o crescimento dessas entidades negras. O período pós-75 marcou o começo da reorganização da sociedade civil no interior do processo de abertura política, retomando valores democráticos. Em São Paulo, estudantes, operários, grupos da periferia, de mulheres e de homossexuais organizaram-se e saíram às ruas para protestar e reivindicar melhores condições de vida e o fim da repressão e da discriminação. A partir de 1975,

a população foi criando formas políticas de repúdio ao autoritarismo e conquistando espaço para suas reivindicações: Comunidades Eclesiais de Base, Movimento Contra a Carestia e Movimento Contra o Custo de Vida podem ser vistos como antecessores de organizações voltadas para formas específicas de exploração, dominação e discriminação, [...] tais como movimento operário, sindical, de mulheres, negros, homossexuais, sendo que estes últimos [...] trouxeram ao conhecimento da sociedade outros domínios onde grupos e indivíduos são igualmente discriminados. (Nascimento, 1989, p. 100-1)

Porém, a tradição organizadora dos negros deve ser considerada, pois foi por meio dela que, historicamente, o negro evitou sua destruição social, cultural e biológica. Além disso, o contexto internacional relativo ao protagonismo negro no mundo – seja nos países africanos colonizados, seja na luta pelos direitos civis nos Estados Unidos– contribuiu para um aumento substantivo das entidades negras.

Após a realização de várias reuniões, os integrantes do Cecan decidiram organizar um ciclo de debates. Segundo um dos organizadores, a ideia era resgatar o trabalho dos velhos militantes, das pessoas do mundo do samba e dos religiosos do candomblé. O intuito era ouvir as experiências dos mais antigos, refletir sobre elas, tentar fazer avançar a luta e, ao mesmo tempo, exercitar e vivenciar uma tradição da cultura africana – ou seja, resgatar a tradição do *griot*, o contador de histórias, aquele que mantém viva a tradição, os costumes e, fundamentalmente, a história do grupo.

O ciclo de depoimentos "O negro e suas associações" realizou-se entre 5 de junho e 3 de julho de 1976, com promoção do Cecan e do Grêmio Recreativo, Esportivo e Cultural Coimbra, na sede deste último[13]. Nesse mesmo ano, houve, no Coimbra, a

---

13. A sede do Grêmio Recreativo ficava na avenida São João, 143, 2º andar, no centro de São Paulo. A programação contou com a presença de Geraldo →

conferência do professor de ciência política da Universidade de Princeton, Michael Mitchell – brasilianista negro – com o tema "Movimento negro americano na década de 1970". Esse evento foi realizado pelo Cecan.

Em 1977, em função do grande número de negros que o Cecan havia aglutinado, seus organizadores decidiram alugar uma sede social[14]. O objetivo era colocar em prática, de modo mais sistemático e organizado, as finalidades e os objetivos definidos até então. Esse fato pode ser considerado um marco na história do Cecan, pois com a sede social a entidade transformou-se em ponto de referência e espaço congregador de uma heterogeneidade de negros – daqueles que já tinham um passado no movimento negro e em outras organizações políticas aos que iniciavam a militância naquele momento. Havia ainda aqueles que estavam desejosos de participar e

→ Filme, compositor da Escola de Samba Paulistano da Glória; Altair Silva, presidente do Coimbra; Raul Joviano do Amaral, da antiga imprensa negra; Henrique Cunha, ex-presidente da Associação Cultural do Negro; Caio Aranha, babalorixá do Achê Ilé Obá; José Jambo Filho (Chiclet), presidente do Grêmio Recreativo e Cultural Escola de Samba Vai-Vai; Alberto Alves da Silva (Nenê), presidente do Grêmio Recreativo Escola de Samba Nenê de Vila Matilde; Iracema de Almeida, presidente do Grupo de Trabalho e Profissionais Liberais Universitários Negros; Sebastião Francisco da Costa, presidente da Associação Cristã Brasileira Beneficência; Inocêncio Tobias, presidente do Grêmio Recreativo Escola de Samba Mocidade Camisa Verde e Branco; Ana Florêncio Romão, presidente da Casa de Cultura Afro-Brasileira; Francisco Lucrécio, ex-membro da extinta Frente Negra Brasileira; Wilson Antonio Reginaldo, Pai Pequeno da Tenda Espírita de Candomblé Cabana Eruiá; José Correia Leite e Jayme Aguiar, da extinta Associação Cultural do Negro e do jornal *Clarim da Alvorada*; Odacir de Mattos, presidente do Cecan.

14. A sede do Cecan ficava na rua Maria José, 450, Bela Vista.

queriam mais do que as escolas de samba e entidades negras recreativas ofereciam. Enfim, todos os negros interessados e sensibilizados pela questão racial acorreram ao Cecan para usufruir as atividades ou participar dos trabalhos. Naquele momento, o Cecan era a única organização negra, com proposta diferenciada das outras, a ter uma sede social.

Uma das primeiras atividades realizadas na sede foi uma assembleia geral, ocorrida em 29 de julho de 1977, para reestruturar a diretoria. Foram eleitos: Odacir de Mattos, presidente; Milton Barbosa, vice-presidente; Isidoro Telles de Souza, secretário geral e Maria Lúcia da Silva, tesoureira. Posteriormente, eles redigiram o regimento interno, detalhando o papel da administração e das equipes de trabalho.

De início, a administração da entidade era exercida pela diretoria, e as atividades estruturadas por equipes de trabalho. Estas apresentavam projetos que eram depois avaliados e aprovados em reuniões das quais participavam os componentes das equipes e a diretoria.

A ATUAÇÃO DAS EQUIPES DE TRABALHO

As equipes de trabalho eram divididas nas seções de estruturação, cultura, educação, criança e biblioteca, tendo permanecido ativas de dezembro de 1977 a julho de 1978. As que conseguiram dar maior concretude às suas propostas foram a equipe cultural e educacional. A equipe de estruturação era composta pela própria diretoria.

A equipe criança elaborou uma proposta de trabalho com crianças do bairro Ipiranga, dando continuidade à atuação de membros da antiga entidade denominada Casa de Cultura e Progresso (Cacupro). A ideia era aliar recreação e educação, objetivando a conscientizar a criança negra – em linhas gerais, criar espírito comunitário, identidade racial e conhecimento de história negra – para que ela desenvolvesse mecanismos de defesa contra a discriminação e assumisse a sua identidade negra com orgulho. A equipe buscava atingir esse objetivo por meio de contos, colagens, música, dança, teatro e pintura (Documento elaborado pela equipe criança, s/d).

Essa equipe fez contato com os moradores do Ipiranga por meio de várias visitas, preparou o material e marcou a data para o início das atividades. Porém, não foi possível pôr em prática o trabalho, uma vez que a Escola de Samba Império do Cambuci, local escolhido para a atividade, foi desalojada do terreno que ocupava. A equipe tentou, ainda, levar o projeto para outra escola de samba – a Nenê de Vila Matilde –, mas no processo o grupo diluiu-se, incorporando as outras equipes.

A equipe biblioteca tinha como proposta criar e organizar uma biblioteca especializada em temas voltados para a questão racial, na perspectiva de levar a um número maior de negros informação e conhecimento sobre o assunto. Conseguiu-se formar um pequeno acervo de livros e revistas nacionais e estrangeiras doadas e compradas pela entidade. Como atividade de equipe, foram promovidas exposições e a venda de livros – recebidos em doação – que não eram de interesse da biblioteca. Foi, também, organizado um mural diário com recortes de jornais sobre assuntos relacionados aos negros. A equipe coordenou a distribuição e venda de um pôster de Zumbi de Palmares (retrato desenhado). O trabalho dessa equipe restringiu-se ao espaço da entidade. Seu acervo praticamente circulou apenas entre os frequentadores, não chegando a atingir, como era seu objetivo inicial, os negros do bairro.

A proposta inicial da equipe cultural era desmistificar o 13 de Maio como dia de festa e comemoração. A ideia era transformá-lo em data de reflexão e denúncia da real situação racial no país. Nessa perspectiva, foi realizado o seminário "90 anos de Abolição", em abril e maio de 1978, com os seguintes temas e conferencistas: Mario Spinosa, que traçou um paralelo entre o processo de abolição no Uruguai e no Brasil; Clóvis Moura, que versou sobre a dinâmica e a organização do quilombo de Palmares; Francisco Lucrécio, que abordou a Frente Negra Brasileira; representantes da imprensa negra atual: jornal *Afro-Latino América*, de São Paulo, *Simba*, do Rio de Janeiro, e *Tição*, do Rio Grande do Sul (Ata de reunião de coordenador, s/d).

Durante sua atuação, a equipe cultural trabalhou com as propostas de: levar a comunidade negra a questionar e discutir temas ligados à realidade brasileira e africana e à situação do negro no país; promover e estimular artistas negros; resgatar e mostrar a religião e a arte negra; congregar e estimular a confraternização entre a comunidade, além da divulgação do Cecan. Essa equipe conseguiu realizar alguns eventos nesse sentido, tais como:

- seminário "90 anos de Abolição", citado anteriormente;
- projeção de dois filmes – *Compasso de espera* e *Vinte séculos de escravidão – África do Sul e apartheid*, com debates após a apresentação das películas;

- exposição de fotografia do negro uruguaio Mário Spinosa, na sede do Cecan;
- apresentação do tradicional Grupo do Ferreira, composto de negros moradores do bairro Ferreira, no município do Embu, com espetáculo de música e dança do folclore nordestino;
- exposição de vestimentas, em manequins, de alguns orixás, acompanhada de explicações das características de cada divindade no candomblé;
- divulgação do material de Carolina de Jesus, para posterior exposição na biblioteca do Cecan;
- festa junina de confraternização.

Depois desses eventos, a equipe cultural desarticulou-se. Alguns membros, por divergências ideológicas, saem do Cecan para compor outro grupo negro, assunto que será abordado mais adiante. Os demais membros se engajaram em outras atividades realizadas no Cecan. As atividades culturais vão prosseguir depois de algum tempo, mas sem uma equipe específica.

Em relação à equipe educação, grupo composto por pessoas com experiência em instituições de ensino – Colégio Equipe, Unicamp e educação popular nas Comunidades Eclesiais de Base, vinculadas à Igreja Católica – inicia, em meados de dezembro de 1977, reuniões e discussões mais sistemáticas para a implantação de um curso de alfabetização.

O grupo pontificava a educação como instrumento de libertação e conscientização, partindo do princípio de que por meio oficial não se podia praticar ou rever a história dos negros. Desse modo, decidiram que ela seria uma das estratégias do Cecan, pois se inseria na proposta de conscientização étnica.

Maria Lúcia da Silva, tesoureira do Cecan, afirmou que

> o Cecan tinha que cumprir um papel na educação, [...] a educação formal não dava conta de nossa perspectiva enquanto negros [...] Essa era uma discussão feita naquela época e achávamos que íamos poder cumprir um papel [...] [planejávamos] um curso de alfabetização, segundo nosso ponto de vista, inspirado inclusive nas experiências africanas, de ter um novo conceito de educação diferenciado dos grupos de alfabetização que tinham por aí, [...] nos moldes da gente, aproveitando inclusive as leituras de Amilcar Cabral[15] que estávamos realizando na época.

O grupo faz a opção pelo método pedagógico de Paulo Freire. Passou-se a estudar a obra desse educador e foram realizados resumos e debates acerca do livro *Educação como prática de liberdade*. O método foi adaptado à realidade do bairro Bela Vista e do negro, público-alvo do curso. Foram também analisados os seguintes textos: "O papel do trabalhador social no processo de mudança", extraído dos livros *Ação cultural para a liberdade*, do próprio Paulo Freire, e *Guiné-Bissau – Reinventar a educação*, de Miguel Darcy de Oliveira e Rosiska Darcy de Oliveira, sobre a experiência com educação popular naquele país.

Na ocasião em que visitou moradores do bairro, o grupo realizou o levantamento parcial das palavras-chave importan-

---

15. Grande líder africano e um dos maiores críticos do neocolonialismo, teve papel central na independência de Guiné-Bissau. Foi assassinado em 1973 por membros do próprio partido.

tes para os educandos. A estas palavras acrescentaram outras que o grupo julgava ser também relevantes. Destacaram, então, 36 e selecionaram 21, com as quais elaboraram uma cartilha: Bexiga, casa, escola, comida, feira, Vai-Vai, futebol, trabalho, patrão, dinheiro, negro, loja, aluguel, Treze de Maio, riqueza, cachaça, salário, fossa, barriga, emprego. Com esses vocábulos, começaram a estruturar o curso. "Nessa ordem, as palavras foram postas com o objetivo de: conduzir o educando do geral para o particular; pôr em discussão os problemas que lhes afligiam; introduzir, paulatinamente e não de imediato, a problemática do negro" (relatório "Alfabetização Cecan: uma experiência em educação – 1977 e 1978", s/d, p. 3).

O curso foi iniciado com 30 alunos. Em função do nível escolar diferenciado, foram formadas duas turmas: uma de alfabetização propriamente dita, com dois dias para trabalhar as palavras-chave, dois dias para reforço e um dia para aula de matemática; à outra turma eram oferecidos materiais de formação, com dois dias para português e matemática e um dia para estudos sociais.

O curso permaneceu ativo até fevereiro de 1978, mas com a participação de somente 15% dos alunos inscritos no início. Por isso, o grupo decidiu encerrá-lo, posto que não atingira a comunidade: o método Paulo Freire não estava sendo aplicado; além disso, fazia-se necessária uma estrutura melhor, que se aproximasse daquela de uma escola. Também se levou em conta: os problemas de adequação dos monitores às técnicas e aos objetivos gerais e específicos do curso; a necessidade de providenciar condições físicas e humanas para a formação de um curso de madureza (supletivo); a necessidade de estudar mais documentos sobre a experiência de educação com negros de Guiné-Bissau e dos Estados Unidos. Após essa avaliação, os poucos alunos que permaneceram foram transferidos para a escola do Mobral[16].

Também foi ministrado um curso de atabaque. O objetivo era valorizar essa expressão cultural negra, difundi-la na comunidade e despertar o conhecimento musical dos diversos toques dos orixás do candomblé e suas respectivas "nações". Ele foi realizado para uma turma de cinco alunos com proposta de continuidade. Em decorrência da saída do professor, por problemas de ordem pessoal, não houve novas turmas.

No período de dezembro de 1977 a julho de 1978, foi realizado um curso de inglês com cerca de 15 alunos. As aulas foram ministradas por dois negros americanos, Scott Johnson e James Kennedy. Além das aulas, havia a troca de informações sobre a cultura negra estadunidense, no aspecto musical e literário, além da discussão da problemática racial no Brasil e nos Estados Unidos. Essas aulas foram encerradas porque os professores se voltaram para outros cursos mais comerciais. Cabe ressaltar que eles não tinham um vínculo efetivo com a entidade e com suas propostas.

A organização das atividades do Cecan por equipes encerram-se em julho de 1978 e foram avaliadas, por um dos organizadores da entidade, "como pouco sistemáticas, sem metas claras e determinadas, que atingiram uma pequena parcela da

---

16. O Movimento Brasileiro de Alfabetização foi criado pelo governo brasileiro em 1967 e propunha a alfabetização funcional de jovens e adultos. Foi extinto em 1985.

comunidade negra e os atingidos foram principalmente acadêmicos, com exceção do curso de alfabetização" (relatório "Alfabetização Cecan: uma experiência em educação", s/d, p. 3) .

Embora pouco sistemáticos e de curta duração, os trabalhos por equipes, de certa forma, conseguiram atingir algumas das finalidades propostas pelo Cecan, entre elas a da consciência étnica. Promoveram-se cursos, seminários e conferências "dentro dos assuntos afro-brasileiros" e realizaram-se atividades culturais, artísticas e sociais conforme se propunham, além da tentativa, com o curso de alfabetização, de trazer para a entidade negros menos informados e mais pobres – como empregadas domésticas e *office-boys*. Destaque-se que a atuação voltada para as pessoas da comunidade com menos oportunidades de acesso à educação era uma questão constante nas reflexões dos organizadores e dos participantes do Cecan.

O MOVIMENTO NEGRO UNIFICADO (MNU) E O CECAN

Na fase das equipes de trabalho deram-se algumas divergências, lideradas, principalmente, pelo pessoal da equipe cultural. Essas divergências relacionavam-se com a proposta de ação do Cecan. Passaram a ser questionados os limites de uma atuação voltada para a conscientização étnica, restrita ao espaço físico do Cecan, propondo-se ampliar esse espaço e ir ao encontro de locais onde houvesse um contingente maior de negros. Outra divergência, esta fundamental, era que a atuação não deveria permanecer apenas voltada para a consciência étnica. A ideia era que houvesse algo mais que respondesse pela situação social e política do negro. O depoimento de Milton Barbosa explicita essas divergências:

> Pensávamos que tínhamos que nos organizar melhor e dar uma resposta à violência policial, ao racismo, e fazer um trabalho de defesa da cultura negra, do espaço negro [...] Naquele momento, entendíamos que nosso grupo representava uma posição mais política e chamávamos ele de culturalista. Culturalista por quê? Porque ficava muito preso à questão cultural e, às vezes, preso e meio hibernado, com trabalhos voltados apenas para a comunidade negra.[17]

Nesta mesma linha situa-se a posição de Rafael Pinto:

> Nós estávamos tocando o Cecan [...] e a questão ideológica surgiu, as posições políticas começaram a ficar bem determinadas [...] Às reivindicações sociais e políticas, o Cecan não conseguia dar respostas, principalmente à violência policial e à discriminação racial. Não que fossem negadas, mas a ênfase e a estrutura da entidade eram as questões culturais para a reorganização do negro. [...] começamos a refletir e a discutir sobre uma sociedade plurirracial e como desenvolver essa sociedade garantindo que cada povo tivesse a sua identidade e cultura preservadas e ao mesmo tempo tivesse plena integração na sociedade.

17. Entrevista realizada em 17 de abril de 1991.

Divergências relacionadas com a proposta de ação do Cecan já haviam surgido quando da publicação do número zero do *Jornegro*, em novembro de 1977, momento em que uma parte da equipe técnica do jornal afastou-se, indo participar da seção Afro-Latina-América do jornal *Versus*. Ressalte-se que a comissão provisória do *Jornegro* era composta de três membros, sendo dois do Cecan – Odacir de Mattos e Isidoro Telles. Ambos também atuavam no corpo técnico do *Jornegro* e, provavelmente, influíram nos rumos desse jornal. Essas divergências serão detalhadas nas próximas páginas, quando falaremos da relação do Cecan com a criação do *Jornegro*.

As divergências no interior do Cecan levaram a que dois militantes – Milton Barbosa e Rafael Pinto –, responsáveis inclusive pela retomada das atividades da entidade em 1976, liderassem com outros a criação do Movimento Negro Unificado (MNU). Este foi lançado publicamente em 7 de julho de 1978, em um ato público de protesto contra duas atrocidades: a morte de um negro por torturas policiais e as posições racistas do Clube Tietê perante quatro jovens atletas negros. Sobre esse momento, Maria Lúcia da Silva afirma que

> o Movimento Negro Unificado nasceu de uma cisão no Cecan representada por pessoas que avaliavam que a conjuntura política da época dava conta de fazer uma manifestação e de outras que acreditavam que o momento não era propício, porque a repressão ainda era grande e havia muitos riscos [...] Havia duas tendências dentro do Cecan: uma, que atuava pelo resgate dos valores culturais e da consciência étnica; outra, que considerava que o movi-

mento negro tinha que trabalhar a questão da denúncia, tanto em nível de violência policial quanto em nível do racismo, além desse aspecto de identidade étnica [...] Nesse grande embate, o Cecan ficou dividido, e o grupo que representava uma tendência dentro do Cecan lançou as bases do MNU. Desse modo, o Cecan iniciou um processo de declínio real a partir desse momento.

Quando do lançamento do MNU, foi apresentada uma carta aberta à população assinada por várias entidades, com exceção do Cecan. Essa decisão foi tomada depois de várias discussões dos seus organizadores.

Mas o Cecan participou, no início, da formação do MNU. Embora discordasse de sua linha de trabalho, fez parte de sua coordenação nacional provisória, afastando-se antes do ato público, por considerar que quem estava por trás desse grupo era a Liga Operária – o que não seria bom para o movimento negro, pois este precisava manter uma independência diante dos partidos e organizações de esquerda, tanto socialistas como comunistas. Acreditavam que, mais uma vez, os negros estavam sendo usados. Segundo Isidoro Telles de Souza, secretário geral do Cecan:

> Não concordamos em assinar o documento que lançou o MNU porque sabíamos que quem estava por trás daquela estratégia, quem tinha montado, era a Liga Operária. O MNU tinha uma organização muito parecida com a Liga, a estrutura, centro de luta. As entidades negras fizeram parte do MNU, mas este as considerava uma frente, assim

como faziam as organizações clandestinas [...], por abrigar em seu interior quatro pessoas que pertenciam à Liga. A nossa maior divergência baseava-se na percepção de que estavam usando o negro como tática, por considerá-lo um grupo social que tinha um grande potencial de mobilização por ser o mais oprimido [...] Cooptavam as nossas melhores lideranças. Não tinha uma estratégia para a população negra. O que fazer depois do ato? O que vamos falar para o povo negro? Essa era a divergência fundamental.[18]

O Movimento Negro Unificado foi criado com o objetivo de dar maior abrangência à luta contra o racismo e tinha como princípio básico atuar com foco na organização, denúncia e mobilização contra todo ato de racismo e opressão ao negro. Para o MNU, cultura e identidade eram uma afirmação dos direitos de cidadania. O grupo queria realizar um trabalho mais amplo, que ampliasse a consciência negra nacionalmente, englobando entidades e grupos negros.

O Movimento Negro Unificado Contra a Discriminação Racial (MNUCDR) definiu como seu objetivo a busca de uma unidade política [...], propondo-se exercer papel de direção e unidade a nível nacional [...] Aprovam a criação de centros de luta, isto é, grupos de negros organizados em seus locais de trabalho, bairros, favelas, escolas de samba, candomblé e escolas para dar continuidade à sua organização tática e estratégica, ao mesmo tempo que alteram

---

18. Entrevista realizada em 22 de fevereiro de 1990.

sua sigla para Movimento Negro Unificado (MNU), na I Assembleia Nacional, realizada em 23 de julho de 1978, em São Paulo. (Nascimento, 1989, p. 87-9)

No entanto, com o tempo, o MNU transformou-se em mais uma entidade negra, não conseguindo englobar, como órgão unificador, as entidades e os grupos negros. Ocorreram muitas divergências em seu interior, fazendo que ele perdesse suas bases de sustentação, que eram as entidades negras.

> Mesmo que restrições ao projeto político das entidades tenham sido precisas e, em certo sentido, avançadas, o MNU termina por delas se afastar. Não conseguindo impor sua hegemonia [...] e com dificuldades para conduzir uma proposta para o negro brasileiro, fracionado por classes e segmentos de classe, várias dificuldades se apresentam a partir daí. A primeira diz respeito à reprodução de comportamentos individualistas no interior do Movimento, ao lado da disputa entre as lideranças por papéis e status sociais. A segunda dificuldade, de caráter amplo, refere-se à ausência de uma linha política que conseguisse articular direção e demandas da população negra. Por fim, duras críticas de seus opositores, questionando o distanciamento do MNU da realidade de negros e mestiços – enfrentando discriminações, preconceitos, fome, miséria – acabam permitindo a sobreposição de um polo mais conservador. Dito de outra maneira, não retendo em sua órbita aliados necessários e imprescindíveis, o MNU perde gradativamente sua base de apoio político situada mais à esquerda. (Nascimento, 1989, p. 89)

No embate entre Cecan e MNU, a posição que predominou colocava como fundamental a autonomia e a independência das entidades negras, entendendo que, quando as organizações e partidos políticos incorporam o discurso do movimento negro, fazem-no apenas na perspectiva de uso e manipulações das organizações negras. Essa posição, de certa forma, foi coerente com a postura da criadora do Cecan, Thereza Santos, que se afastou do Partido Comunista e engajou-se no movimento negro porque o PC não contemplava a questão racial. Os membros do Cecan consideravam que a Liga Operária, futura Convergência Socialista, tinha uma relação de cooptação e uso como massa de manobra das organizações negras, não apresentando propostas concretas para a problemática racial. Ressalte-se que essa situação ocorreu no início do MNU, pois com o tempo seus membros afastam-se dessa organização. Eles apoiavam uma atuação voltada para fora da comunidade negra, mas consideravam que esta não era tarefa do Cecan. Sua proposta era "identidade e cidadania" na perspectiva de descolonização cultural, necessária e fundamental para o negro posicionar-se futuramente como cidadão igual a qualquer outro, ciente de seus valores.

Segundo Francisco Marcos Dias, que participou do grupo de educação e da redação do *Jornegro*,

> para a entidade, tratava-se de identidade e cidadania, [...] era uma instituição negra mais preocupada com a identidade étnica, [...] um centro cultural, um espaço de aglutinação e discussão sem uma tendência majoritária,

frequentado por pessoas de direita e esquerda, pessoal de escola de samba, pai de santo, pastor protestante, padre católico etc., sem um caráter único. [...] Era um fórum de debates.[19]

Ainda sobre a relação entre Cecan e MNU, Maria Lúcia da Silva avalia que

a situação do Cecan tinha um cunho eminentemente político, pois ele chamava a atenção da população para o fato de termos valores culturais e históricos que tínhamos de recuperar, para nos colocarmos, enquanto indivíduos, no mesmo patamar de igualdade com os outros grupos. O Cecan, por congregar pessoas de todas as camadas sociais – daquele que teve acesso à educação, à universidade, a outros que não – criou as bases para que nascesse o MNU.

Assim, o surgimento do Movimento Negro Unificado foi outro marco na história do Cecan: além de alguns de seus organizadores terem se afastado quando da criação do MNU, as atividades das equipes foram encerradas e ocorreu um declínio gradativo de participantes na organização do Cecan. Em 1977, a entidade era composta por dez membros ativos, número que aumentou para 20 no ano seguinte mas diminuiu para seis pessoas no final de 1978.

---

19. Entrevista realizada em 24 de fevereiro de 1991.

CENTRO DE CULTURA E ARTE NEGRA – CECAN

O *JORNEGRO* E A FEDERAÇÃO DAS ENTIDADES AFRO-BRASILEIRAS DO ESTADO DE SÃO PAULO (FEABESP)

Desde a sua fundação, o Cecan planejava criar um jornal para a comunidade negra. A ideia era produzir um órgão de comunicação elaborado, escrito, distribuído e financiado pelas entidades negras.

Durante a "Quinzena do Negro", evento realizado em junho de 1977 por Eduardo de Oliveira e Oliveira, especificamente na exposição e conferência sobre "Imprensa Negra", a proposta de criação de um jornal foi discutida e aprovada por várias organizações negras, além do Cecan (relato sobre a criação do *Jornegro*, s/d, p. 2). De uma comissão composta por três membros, dois eram do Centro – Isidoro Telles e Odacir de Mattos. Outros membros do Cecan participaram do corpo técnico – grupo que era responsável pela elaboração do jornal (texto, reportagem, pesquisa, gráfica etc.) – quando as reuniões começaram a ser realizadas na sede da entidade.

O *Jornegro* surgiu junto com a Federação das Entidades Afro-Brasileiras do Estado de São Paulo (Feabesp), criada justamente para dar respaldo legal ao jornal, uma vez que as entidades negras, quando decidiram pela sua criação, não desejavam assumir esse papel. A partir desse momento, a comissão organizadora, além de atuar com o corpo técnico do jornal, trabalhou também com as entidades negras para criar e organizar a Feabesp.

No dia 21 de setembro de 1977, foi realizada assembleia na qual se aprovaram os estatutos da Feabesp, escolheu-se o nome do jornal e elegeu-se a diretoria provisória. Os cargos de presidente e secretário permaneceram nas mãos dos mesmos membros do Cecan, que desse modo passaram a acumular a direção de ambas as entidades.

A Federação foi definida como "órgão representativo das entidades afro-brasileiras no Estado de São Paulo". Seus objetivos eram

> [a] defesa da cultura negra da comercialização, folclorização e, fundamentalmente, da destruição da cultura negra; manter órgão de divulgação das atividades das entidades filiadas, bem como das manifestações socioculturais da comunidade, tais como: encontros, festivais de música, teatro etc.; promover atividades educacionais junto à comunidade afro-brasileira. Manter intercâmbio sociocultural com outros povos; pugnar pela solidariedade entre os homens, respeitando os direitos da pessoa humana, bem como os princípios democráticos que norteiam o desenvolvimento da humanidade. (Estatuto da Feabesp, s/d, p. 1)

A direção e o corpo técnico da Feabesp e do *Jornegro* trabalhavam para obter o registro do jornal, a verba com as entidades negras e o incremento do número de filiados.

É interessante destacar que a permanência de dois membros do Cecan nas posições-chave, trabalhando de fato para levar adiante o *Jornegro* e a Feabesp, e as finalidades desta última serem praticamente as mesmas do Cecan – além do fato de funcionarem no mesmo local – davam coesão a ambas. Além disso, a Federação pode ser considerada uma extensão do Cecan. Embora elas se configurassem oficialmente como duas entidades separadas, na prática tinham as mesmas finalidades, a mesma direção e a mesma sede social. Essa situação regularizou-se quando, depois, a Feabesp foi extinta e o *Jornegro* tornou-se o órgão de divulgação do Cecan.

O número zero do *Jornegro* foi montado por volta de novembro de 1977, mas não foi publicado em virtude de problemas financeiros, divergências e dissidências. O corpo técnico era composto de estudantes, formados em jornalismo e pessoas diversas (universitários e não universitários). Por cisões, o pessoal ligado à imprensa afastou-se, indo atuar na seção Afro-Latino-América do jornal *Versus* – veículo de divulgação da organização Convergência Socialista, "na perspectiva de nova experiência profissional aliada a um trabalho de militância" (Nascimento, 1989, p. 107).

O grupo que foi atuar no *Versus* já era militante da Convergência Socialista, compondo o Núcleo Negro Socialista – que também tinha participação no Cecan. A meta do Núcleo era organizar a comunidade na luta contra o racismo.

A seção Afro-Latino-América surgiu em julho/agosto de 1977 e teve o último número publicado em outubro de 1979. De acordo com Nascimento (1989, p. 107), seu foco de análise ia além da denúncia do racismo

> [...] tomado em sentido restrito, indo situá-lo num contexto maior de exploração do capitalismo; é quando questionam o papel das entidades culturais. O Núcleo e o Afro-Latino-América mudam de enfoque num determinado momento, passando a priorizar em seu trabalho, entre outros, grandes concentrações de massa negra, deixando o Cecan de ser fórum maior de discussões.

Exemplares do Jornegro

A história do já citado MNUCDR, depois chamado MNU, tem relação direta com esse núcleo:

> A ampliação dos núcleos negros diz respeito a uma estratégia de intervenção levada a efeito pela Convergência Socialista, com a criação de um Movimento Unificado contra a Discriminação Racial, correspondendo à perspectiva de atuação independente. Em outras palavras, o núcleo negro opta por um tipo de trabalho político onde não fosse apenas uma força hegemônica, mas onde tivesse a possibilidade de desencadear uma luta política em conjunto com outras entidades negras. (*Ibidem*)

As divergências ocorridas quando da publicação do primeiro número do *Jornegro*, em março de 1978, foram principalmente ideológicas. É o que se apreende do depoimento de Maria Lúcia da Silva:

> [...] a seção Afro-Latino-América foi, muito a *grosso modo*, uma articulação que a esquerda socialista fez com alguns negros dentro do jornal *Versus* e tinha como papel fundamental influenciar os grupos negros que realizavam um trabalho meio disperso. Na verdade, era uma proposição dessa esquerda abocanhar outros setores aos quais eles não tinham nenhum acesso.

Com a ida de um grupo para o *Versus*, permanecem no *Jornegro* membros universitários, em sua maioria. Os números seguintes saíram em maio, julho, setembro e novembro de 1978, com praticamente os mesmos participantes. O jornal era composto e impresso nos Diários Associados e registrado como órgão interno de divulgação da Feabesp.[20]

Como já vimos, a Feabesp refletia as propostas do Cecan de resgatar, enaltecer e valorizar a cultura negra. Desse modo, o *Jornegro* tornou-se o veículo de propagação desses ideais, o que pode ser visualizado claramente no editorial do primeiro número:

> O jornal nasceu da necessidade de termos um órgão que divulgue nossos assuntos e onde possamos debater nossos problemas a partir do nosso ponto de vista e dos interesses da comunidade afro-brasileira, não mais podendo ficar à mercê da indústria da cultura, que nos transformou em objeto, folclorizou nossa cultura, fazendo-a um simples produto de consumo. Nossa imagem é apresentada ao bel-prazer de interesses alheios [...] Ou a apresentação de meias-verdades, fatos distorcidos, incompletos, formando sempre uma imagem negativa do negro [...] por meio de livros, revistas, rádio, televisão, teatro, cinema, prosa, verso, ficção e pseudociência, enfim, por todos os meios de comunicação [...]. (*Jornegro*, n. 1, ano I, mar. 1978, Editorial)

---

20. A primeira equipe responsável pelo *Jornegro* tinha a seguinte composição: redatores – Leonardo Ferreira, Francisco Marcos da Silva, Odacir de Mattos, Francisco Carlos C. Santos (Tato), Tânia Regina Pedro; fotógrafo – Luiz Paulo Pires Lima; ilustrador – Ubirajara Motta; diretor responsável – Odacir de Mattos.

Em linhas gerais, o *Jornegro* trazia informações, entrevistas e reflexões sobre: personalidades e entidades que lutavam e se dedicavam à comunidade negra; religião negra, candomblé, escolas de samba, bailes de *soul*, artistas plásticos, escritores e poetas que, além de ser negros, abordavam em seus trabalhos a temática racial; condições socioeconômicas dos negros e racismo no Brasil; notícias internacionais relacionadas a protestos, manifestações e situação socioeconômica e político-cultural dos negros no mundo; divulgação de grupos e organizações negras, da capital e do interior, e de eventos realizados por elas; reflexões sobre datas importantes para a comunidade negra, como o 13 de maio – abolição da escravatura – e o 20 de novembro – morte de Zumbi dos Palmares.

A distribuição do *Jornegro* era feita por assinaturas, por venda direta em locais de grande aglomeração de negros – escolas de samba, bailes *soul*, pontos de encontro no centro da cidade de São Paulo e também por venda intermediada por outras entidades da capital, do interior e de outros estados.

A EDUCAÇÃO: MANEGO

Concomitantemente ao trabalho realizado no *Jornegro*, alguns dos membros do Cecan, remanescentes do curso de alfabetização, decidiram retomar o projeto de criar um curso supletivo. Depois de algumas dissidências e disputas internas, em 4 de abril de 1979 tem início o Manego. A equipe tinha como proposta atingir parte da juventude negra e permitir que o negro se posicionasse como indivíduo, "mantendo-se negro ou tomando ciência de outra dimensão do que é ser negro e cidadão, ou seja, cônscio de que pertence a uma comunidade racial com seus valores, cultura e caracteres peculiares, inserida dentro de um contexto mais amplo que é a sociedade brasileira" (relatório "Cecan e a educação – Sistematização de experiência, s/d, p. 5").

A equipe considerava que a educação era um bom caminho para motivar a comunidade e para reunir pessoas em torno do Cecan, o que ampliaria o debate sobre a problemática racial. Os monitores participaram de grupos de estudo e reflexão sobre os seguintes temas: política nacional, política internacional, economia, criminalidade, educação, esportes e artes. Todos esses assuntos eram retirados de jornais diários. Em relatório realizado na época, consta que os grupos de estudos

Panfleto de divulgação do Manego

> visavam uma preparação melhor do grupo para dar au-
> las com conteúdos voltados para o negro, de modo mais
> adequado à sua realidade e com uma visão maior de con-
> junto [...] Especificamente, esta atividade objetiva: saber-se
> do negro – mesmo pela ótica do branco – sua situação no
> Brasil e no mundo; criar o hábito de leitura; possibilitar a
> prática para exposições orais concisas e claras; possibilitar
> um posicionamento (ideológico e prático) mais adequado
> à educação com e para o negro dentro da realidade nacio-
> nal. (*Ibidem*, p. 7)

A equipe realizou estudo e discussão de dois textos sobre educação, a saber: "O papel do trabalhador social no processo de
mudança", extraído do livro *Ação cultural para a liberdade e
outros escritos* e *Educação como prática da liberdade*, ambos de
Paulo Freire.

A proposta pedagógica do grupo pressupunha que a abor-
dagem da problemática negra deveria se dar de forma suave e
progressiva, considerando-se a complexidade das condições
psicossociais do preconceito e da discriminação racial existentes no Brasil. O objetivo era estimular o aluno a pensar por si
mesmo nos diversos problemas que envolviam sua raça. Esse
aspecto seria inserido em cada assunto que, direta ou indireta-
mente, envolvesse o negro e sempre de forma não maciça. Outra proposta era prover muitas atividades extracurriculares
para reunir os alunos e fazê-los sentir o que era o Cecan.

O grupo orientava-se com material para supletivo da editora
Abril Cultural, apostilando o que era necessário. A frequência,
no entanto, foi irregular. Apenas três atividades extra-aula

foram realizadas: dramatização do 13 de maio, bingo e festa de casamento de dois alunos. Gradativamente, o número de alunos foi diminuindo e, em agosto de 1979, o curso foi encerrado, assim como a experiência com educação.

Em avaliação realizada, constante em relatório do período, o grupo concluiu que

> é muito difícil, através de um curso desse tipo, passar uma ideologia (visão de mundo) quando existem exames com critérios de seleção que não são os nossos. É muito difícil porque o tempo não é suficiente para que se dê o programa oficial e o acréscimo que propomos – a ideologia negra; a confecção de material para o curso de madureza, em função dos resultados a obter, é por demais onerosa; os alunos negros sentiram-se estimulados com professores negros; quem se propõe a desenvolver esse tipo de trabalho precisa ter propósitos claramente definidos, que alentem claramente sua realização; estamos lidando com pessoas que não se envolvem com "coisas abstratas" quando têm que resolver prementes problemas de sobrevivência; impossível desenvolver o curso só nas horas vagas dos monitores; para mobilizar o pessoal negro, educação formal não é o meio. (*Ibidem*, p. 10)

Trabalhar com educação não foi algo novo implantado pelo Cecan. Antes do Centro, outras instituições, como a Associação Cultural do Negro e a Escola de Samba Camisa Verde já tinham criado cursos supletivos. A ideia é antiga, mas a perspectiva em cada momento é diferente. Enquanto na Associação Cultural do Negro a preocupação era formar o negro visando algum tipo de ascensão social, o Cecan almejava fazer brotar a consciência étnica por meio de uma revisão da história – tanto nacional como internacional – que resgatasse sua especificidade como grupo étnico.

É óbvio que, ao pensarmos a educação como elemento para equacionar a questão negra, devemos levar em conta a postura ideológica de cada grupo. Enquanto para o militante negro da década de 1950 a educação viabilizaria a ascensão social, em 1970 essa ideia persiste agregada ao objetivo de utilizá-la como instrumento político de conscientização étnica.

A FEABESP E O FESTIVAL COMUNITÁRIO NEGRO ZUMBI (FECONEZU)

Como já dissemos, a Federação das Entidades Afro-Brasileiras do Estado de São Paulo nasceu para respaldar oficialmente a criação de um jornal comunitário, o *Jornegro*. Mas a Feabesp também promoveu e coordenou o Festival Comunitário Negro Zumbi (Feconezu), que envolveu diversas entidades negras do estado de São Paulo.

O 1º Feconezu foi realizado em Araraquara, em 25 de novembro de 1978, no Ginásio Esportivo Gigantão, sob a responsabilidade do Grupo de Divulgação e Arte Negra Gana[21].

---

21. A programação foi a seguinte: dança – Grupo Negro Experimental de Dança, coordenado por Ismael Ivo; teatro – "Navio Negreiro", do Grupo Chico Rei, "Festa Negra", do Grupo Senzala e Origerança, "Suspensão", do Grupo Zumbi, "Noite de Arte", do Grupo Travessia, "Carapuça", do Grupo Congada, "Ganga Zumba", do Grupo Gana; monólogo – "Camiranga"; música: "Batuque →

Na época, distribuiu-se entre os participantes do festival um folheto sobre o Quilombo de Palmares, o seu líder, Zumbi, e sua importância para todo negro brasileiro, por representar, segundo consta no texto: "[...] um símbolo real, o referencial histórico mais antigo o qual a opressão não conseguiu apagar das páginas da história do nosso país". O mesmo folheto aponta ainda que o objetivo do festival

> é levantar e divulgar fatos históricos, o trabalho, a cultura, os valores bem como incentivar, na comunidade, maior interesse pela história do nosso povo, [...] considerando que um povo que não preserva suas tradições mais autênticas e tem sua história negada por uma minoria dominante jamais será [...] livre. [...] A história convencional nunca considerou devidamente a nossa participação na formação social, cultural, econômica e política. Tudo foi marginalizado [...] As escolas fecharam as portas às manifestações culturais de raízes africanas, chamando-as de folclore. Ataram os braços de descendentes de africanos com novas e antigas violências (discriminação racial, repressão policial, prostituição e fome). E, por isso, a palavra negro lançada no ar cala fundo em cada um de nós, porque as injustiças sociais nos atingem na maioria com mais peso. (Folheto de divulgação Feconezu, 1979, p. 4-5)

→ Moço", de Ogona, membro do Cecan; poesia – Grupo Popular do Ferreira; jogral – "O negro através dos tempos", do Grupo Vissungo; cinema: *Tema enredo exaltação a Zumbi* e *Carnaval/76*, do Grupo Estrela D'Oriente de Barretos.

O 2º Feconezu ocorreu em Ribeirão Preto, em 1979, no Clube José do Patrocínio, tendo sido organizado por esse clube, pelo Grupo Travessia e pelo Grupo de Capoeira Cativeiro. Compareceram pessoas das cidades de Araraquara, Batatais, Bauru, Orlândia, Rio Claro, Santos, São Carlos, São Paulo, Rio de Janeiro e Brasília. A programação daquele ano foi ampliada; além das apresentações de palco, teatro, dança, poesia, batuque, samba de roda e partido alto, houve uma mesa redonda, na qual grupos e entidades trocaram informações e experiências práticas sobre seus trabalhos, além de um mutirão para a pintura da sede e outros reparos que o clube necessitava.

O 3º Feconezu aconteceu em São Carlos, em 1980.[22] Foi distribuída uma carta-convite à população da cidade, informando que o festival "[...] era um encontro anual da raça negra, onde são debatidos os problemas raciais, sociais e espirituais brasileiros sob o ponto de vista da raça negra [...]". No convite são convocados os moradores de São Carlos, "[...] de todas as raças, classes, profissões e idades, para participar da preparação da realização do encontro negro [...] com ponto de vista negro, mas aberto a todos os que amam o Brasil e buscam fazer com que ele encontre seu caminho" (Folheto-convite do 3º Feconezu, 1980).

É importante ressaltar que o Feconezu não era apenas um festival,

---

22. Entidades responsáveis pela organização do festival na cidade de Ribeirão Preto: Cecan; Centro Comunitário de Cultura e Artes – Vissungo/SP; Centro de Estudos Afro-Brasileiros – Congada/São Carlos; Grupo de Divulgação da Arte e Cultura Negra – Gana/Araraquara; Grupo Travessia – Ribeirão Preto; MNUCDR/SP; Participação Universalista pelo Renascimento Humano – PURHu/SP.

mas um encontro com ZUMBI, com a consciência negra, para reaprender, para conviver, trocar experiências, divulgar a história, o trabalho e a cultura negra, incentivando-se a comunidade para a solidariedade e maior interesse e disposições para se buscar soluções para o problema do negro. [...] Seus objetivos baseavam-se na necessidade de uma aproximação da comunidade negra consigo mesma, através de uma amostra de suas realizações [...]. (*Jornegro*, n. 6, 1979, p. 3; n. 7, 1979, p. 3; n. 8, 1980, p. 4)

O Feconezu era uma festa onde se mostrava um pouco da arte afro-brasileira desenvolvida por entidades e grupos negros de São Paulo e do Brasil: teatro, dança, música etc. [...] Representou a expressão histórico-cultural do negro no Brasil. Seu espírito de luta e manutenção dos valores e identidade eram importantes para a retomada de nossa cultura das mãos daqueles que nos dominam. (Boletim II, Grupo Negro da PUC, 1982, p. 3)

Segundo Maria Lúcia da Silva, os organizadores do Cecan avaliaram que o 2º Feconezu foi o que mais chegou próximo da ideia inicial de mobilizar a população negra, visto que a preparação para o festival aconteceu durante todo o ano, ao passo que o 1º e o 3º festivais tornaram-se uma atividade restrita ao mês de novembro. Convém lembrar que, após o fechamento do Cecan – em 1981 –, esse festival continuou acontecendo anualmente, nas cidades do interior paulista, até 1989, sendo promovido, organizado e coordenado por outras entidades negras da capital e do interior.

Com esses três festivais, o Cecan conseguiu dar continuidade à sua proposta de ação, no sentido de estimular o convívio, a solidariedade, o congraçamento entre seus membros e, principalmente, o resgate e a valorização da cultura e da história negra, visando contribuir para a criação da consciência étnica.

CECAN: OUTRAS ATIVIDADES E O SEU ENCERRAMENTO

Em assembleia realizada no dia 20 de março de 1980, o Cecan decidiu pelo fechamento da Feabesp. O *Jornegro* continuou a ser editado como publicação oficial, regularizando uma situação que já era fato desde o primeiro número desse jornal. Foram lançados os números 9, 10, 11 e 12 em julho de 1980, setembro de 1980, fevereiro de 1981 e maio de 1981, respectivamente.

Em comemoração ao primeiro centenário de nascimento do escritor Lima Barreto (13 de maio de 1881), houve, em 16 de maio de 1981, a exibição do documentário *Lima Barreto – Trajetória*, bem como uma palestra sobre sua vida e obra e uma discussão aberta ao público sobre a situação do negro hoje.

O Cecan continuou participando de eventos organizados por outros grupos, como o I Encontro Estadual da Raça Negra, organizado pelo MNU e realizado na quadra da Escola de Samba Nenê de Vila Matilde, nos dias 21 e 22 de março de 1981, e a II Semana de Cultura Negra, realizada na Câmara Municipal de São Paulo em novembro de 1979.

No dia 3 de abril de 1980, o Cecan realizou Assembleia Geral Extraordinária, em que foram aprovadas modificações no estatuto, além de ter sido eleita a nova diretoria, que passou a ser composta por: Maria Inês da Silva Barbosa (presidente); Isidoro Telles de Souza (secretário geral); Maria Lúcia da Silva (tesoureira); Paulo Sérgio dos Santos e Maria Cristina Olimpio (conselho fiscal); Miriam Ferreira de Rocha (suplente). A exemplo de outras assembleias realizadas pelo Cecan – nas quais se deliberou sobre a composição da diretoria e sobre os estatutos –, aquela deveria formalizar aspectos que, na prática, não estavam acontecendo. Como exemplo dessa situação, pode-se tomar o estatuto, em que são excluídos das finalidades da entidade os itens que se referiam à manutenção de intercâmbio sociocultural entre Brasil, os países africanos e demais onde houvesse influência cultural negra, assim como as relações culturais com a Société Africaine de Culture e entidades americanas congêneres. Nessa última assembleia também foram formalmente apresentados os diretores do Cecan que permaneceram após o período de esvaziamento, assim como outros que depois incorporaram a entidade.

Assim, o Cecan deu continuidade à sua proposta da atuação exclusivamente voltada para a comunidade negra. Os artigos do *Jornegro* mostram cada vez mais essa posição.

> Temos que fazer com que nossa gente tenha orgulho das coisas de negro [...] É nossa proposta mostrar quantas coisas boas nos deixaram nossos antepassados, negros trazidos como escravos, que fazem parte da nossa história e cultura [...] Uma face de ser negro é a de manter os valores culturais de nossos antepassados... (*Jornegro*, n. 9, 1980, p. 2-4)

Se antes os artigos do periódico abordavam personalidades importantes na luta do negro, a partir do número 9 surgiram com mais frequência, além de notícias elucidativas sobre candomblé e suas divindades, notícias sobre escolas de samba, origem do carnaval, afoxés etc. Foram publicados também textos sobre o Feconezu e sobre a cultura africana – como matérias sobre o significado dos nomes de pessoas nessa cultura.

O Cecan iniciou encontros para conversas informais. Nessas ocasiões, eram preparados jantares considerados pertencentes à culinária negra – feijoada, angu etc. –, levando-se em consideração que os antepassados negros criaram valores culturais no que se refere à alimentação. Seus membros, partindo do pressuposto de que a religião afro-brasileira contém uma forma diferente de ver o mundo, passaram a dedicar-se ao candomblé: com a colaboração do babalorixá Paulinho, publicaram vários artigos sobre a religião no *Jornegro* (Documento elaborado por organizadores do Cecan, s/d).

No final do ano de 1981, ao término do contrato de locação da sede social, os organizadores do Cecan optaram por não renová-lo, decidindo pelo fechamento da sede e pela extinção do Cecan. Eles avaliaram que a entidade havia cumprido o seu papel: lançara a discussão racial para o conjunto da sociedade e, fundamentalmente, para a comunidade negra – ainda que tenha atingido, de forma mais direta, os negros mais informados –, mas, naquele momento, não conseguia ter uma política de intervenção ampla, que extrapolasse a comunidade negra. Ainda segundo os dirigentes, o Cecan começou seu processo de declínio justamente por conta da ausência dessa política (*ibidem*).

Quando a extinção do Cecan chegou ao conhecimento da comunidade, alguns membros ofereceram apoio financeiro para que a organização não acabasse. Mas o problema central não era financeiro, pois havia um esquema de cotização para a manutenção da sede. De acordo com Maria Lúcia da Silva, foi difícil, para aqueles que atuavam no Cecan desde a segunda fase de sua história, pensar na sua extinção, mas eles concluíram que era o momento de iniciar outros trabalhos com novas perspectivas. Assim, a maioria se manteve na militância negra, participando de outros grupos já existentes ou criando, posteriormente, novas organizações.

3. Negritude e identidade no Centro de Cultura e Arte Negra

O TEATRO EXPERIMENTAL DO NEGRO (TEN) E O CECAN

A experiência de utilização do teatro como meio para transformar a ideologia[23] racial dominante surgiu em 1944, na cidade do Rio de Janeiro, com o Teatro Experimental do Negro, fundado e dirigido por Abdias Nascimento. O TEN permaneceu ativo até 1968, quando a perseguição política desencadeada pelo golpe militar de 1964 atingiu seu apogeu.

---

23. Aqui, ideologia é entendida como conjunto de ideias ou representações produzidas pelo homem por meio das quais ele procura explicar e compreender sua vida individual, social e suas relações com a natureza e com o sobrenatural. Numa sociedade dividida entre dominados e dominantes, estes últimos, por meio do controle da imprensa e da educação, impõem um consenso e sua dominação na esfera das ideias (Rudé, 1982, p. 21). A ideologia tende a esconder do homem, de forma contraditória, o modo como suas relações sociais, econômicas, políticas e culturais foram produzidas. A ideia de uma democracia racial brasileira insere-se nessa perspectiva.

O TEN apresentou um discurso destoante do que predominava até então, entre os líderes das associações negras – que se situavam, ainda, na perspectiva da ideologia dominante. Ferrara (1986, p. 150) mostra a posição da imprensa negra da época antes do advento do TEN:

> se a imprensa valoriza o negro, é o negro ocidentalizado que assimilou valores da sociedade branca, e não o negro visto do ângulo da cultura negra. [...] a valorização do preto não vai até a África. Dir-se-ia que esses jornalistas têm medo de lembrar sua origem, de evocar uma África bárbara em seus pensamentos, um continente que é imaginado quase como terra de selvagens. Querem permanecer brasileiros e é preciso subentender: membros de uma nação civilizada. Numa palavra, a valorização não se estende para além do período brasileiro; o glorificado não é jamais o africano, mas o afro-brasileiro.

O TEN trouxe um discurso de valorização da contribuição da cultura africana no plano artístico e cultural, a fim de possibilitar a criação de uma consciência étnica pelo negro, a denúncia do racismo brasileiro e uma práxis, nesse sentido, como

> instrumento e um elemento da negritude. Um modelo brasileiro da negritude, como cenário privilegiado para assumir-se no Brasil as consequências e a implicações que a negritude contém [...] Concebido como instrumento de redenção e resgate dos valores negro-africanos, os quais existem oprimidos e/ou relegados a um plano inferior no

contexto da chamada cultura brasileira, onde a ênfase está nos elementos de origem branco-europeia [...] (Nascimento, 1961, p. 9-27)

Na época em que atuou, o TEN combateu uma ideologia racial que predomina até hoje no Brasil: a ideia de que não existe racismo no Brasil. Apregoa-se que o racismo existiu apenas na época da escravidão e que, com a abolição da escravatura e a proclamação da República, foram estendidos a todos, inclusive aos ex-escravizados, os direitos sociais, políticos, econômicos e jurídicos, nos moldes do liberalismo burguês; se o negro não se enquadrou nessa nova ordem, isso é mais um problema individual do que racial.

A realidade brasileira contemporânea mostra desigualdades sociais, econômicas, políticas e culturais entre negros e brancos, além da persistência de relações raciais impregnadas de racismos herdados do regime servil. O fenômeno do racismo, que de certa forma estava coerente com o período escravista – isto é, com a necessidade moral de considerar o negro uma sub-raça, inferior biológica e culturalmente, e como elemento ideológico justificador da escravidão –, na sociedade capitalista adquire novas funções e significados, consistindo em um elemento a mais de dominação e opressão (Hasenbalg, 1982).

O racismo, como ideologia que afirma a superioridade de um grupo racial sobre outro, vincula-se à história da civilização ocidental do século XVIII e o seu surgimento está relacionado com a dominação econômica. No século XIX, diante da expansão do imperialismo dos países europeus, surgem as doutrinas do racismo científico, principalmente no ramo da biologia, fazendo crer na existência da raça pura, no "darwinismo social" e na ideia – culto até – da missão civilizatória do homem branco.

Assim, popularizou-se o racismo fundamentado no discurso científico, criando uma visão distorcida do negro, marcada por estereótipos que o desfiguram, causando-lhe, além de problemas socioeconômicos, alienação e questões psicológicos e existenciais.

Quanto à democracia racial brasileira, observa-se que ela surge no período pós-abolição, sendo gestada pouco a pouco pela elite intelectual e fundamentando-se basicamente no mito das três raças[24]. Este, por sua vez, foi influenciado por intelectuais e cientistas europeus[25].

As ambiguidades do mito das três raças – índia, negra e branca – está presente nos trabalhos de Oliveira Viana, um dos intérpretes mais lidos da realidade brasileira. Em virtude da peculiaridade das relações raciais brasileiras, um contingente grande de mestiços, fruto da miscigenação ainda no período escravocrata, e a crença – difundida e introjetada pela elite nacional – de que a mistura de raça levaria a um Brasil mais branco, as teorias racistas foram readaptadas por Viana, mas man-

---

24. O mito, assim como a ideologia, é uma visão falsa da realidade, com a diferença de que o mito "é encarado por um grupo restrito, enquanto a ideologia se estende de forma contraditória à sociedade como um todo" (Ortiz, 1986, p. 136).

25. Entre eles, Samuel Norton, Josiah Nott, George Gliddon, Louis Agassiz e Arthur de Gobineau. Este último acrescentava às teorias racistas a noção de raça como determinante histórico. Para ele, se as grandes conquistas e invenções foram realizadas pela raça branca, obviamente isso ocorreu porque ela era de fato superior.

tiveram como fundamento principal a ideia de inferioridade dos grupos negros e índios e a mistura das raças, ou seja, o branqueamento como solução para eliminação da raça considerada inferior – a negra.

Para Oliveira Viana, ao contrário do que pensava Nina Rodrigues, a miscigenação não produziria "degenerados", mas uma população sadia, que cada vez mais se embranqueceria. Outra novidade era a ideia de Viana de graus de inferioridade: o "mulato" superior ao negro e inferior ao branco.

A explicação para essa miscigenação, ainda no período escravocrata, situa-se, entre outros fatores, na exploração sexual da mulher escrava pelos senhores e, posteriormente, no ideal de branqueamento incorporado pela elite e absorvido pelo restante da população.

Com o advento da abolição e da proclamação da República, mudanças sociais e políticas ocorreram, entre elas o processo de urbanização e de industrialização, o desenvolvimento da classe média e o surgimento de um proletariado urbano. Diante desse quadro, as teorias raciais tornaram-se obsoletas e a realidade passou a exigir outro tipo de interpretação de Brasil. É nesse contexto que surgem as ideias de Gilberto Freyre, ideias essas que persistem até hoje como discurso ideológico (Ortiz, 1986).

Para Gilberto Freyre (1950, p. 20),

a miscigenação que largamente se praticou aqui corrigiu a distância social que de outro modo se teria conservado enorme entre a casa-grande e a mata tropical; entre a casa-grande e a senzala. O que a monocultura latifundiária e escravocrata realizou no sentido de aristocratização, extremando a sociedade brasileira em senhores e escravos, com uma rala e insignificante lambugem de gente livre sanduichada entre os extremos antagônicos, foi em grande parte contrariado pelos efeitos sociais da miscigenação. A índia e a negra-mina, a princípio, depois a mulata, a cabrocha, a quadrarona, a oitavona, tornando-se caseiras, concubinas e até esposas legítimas dos senhores brancos, agiram poderosamente no sentido de democratização social no Brasil.

Assim, as ideias de Gilberto Freyre não somente encobrem os conflitos raciais como possibilitam a todos se reconhecerem como nacionais:

> A ideologia da mestiçagem, que estava aprisionada nas ambiguidades das teorias racistas, ao ser reelaborada pode difundir-se socialmente e tornar-se senso comum, ritualmente celebrada nas relações do cotidiano ou nos grandes eventos como o carnaval e o futebol. (Ortiz, 1986, p. 41)

Dessa forma, a democracia racial e o branqueamento convivem e mesclam-se como discurso dominante, incorporado por quase toda sociedade. A tese de branqueamento impulsionou a ideia de mestiçagem, que em essência visa tornar cada vez mais tênue as características físicas do tipo negroide, pois o negro ainda é considerado inferior. O negro brasileiro, assim, cresce e sobrevive imerso nessa ideologia que o faz internalizar uma identidade negativa de si mesmo e almejar o embranquecimento físico e cultural.

Ressalte-se, entretanto, "que, no aspecto cultural, nem todos assumem integralmente o embranquecimento, havendo uma resistência cultural que faz que se possa falar das religiões afro-brasileiras, da música negra ou da cultura negra simplesmente" (Munanga, 1989, p. 25). Até mesmo o negro já alienado e culturalmente desestruturado, ao sentir que, apesar dos esforços para assimilar a ideologia branca, o racismo persiste, conscientiza-se de que a resolução do seu problema reside na crença de ser sujeito de uma história que lhe foi omitida, devendo ser resgatada e afirmada, assim como essa cultura que resistiu ao embranquecimento cultural.

Esses fatores levaram à criação de organizações que compuseram o movimento social negro, entre elas o Teatro Experimental do Negro (TEN), fundado e organizado por uma elite negra.[26] O TEN, além de inovar ao usar o teatro como meio por excelência para sua proposta política, resgatando-se como cultura negra, criticou a ideologia da brancura e pregou a necessidade de descolonização do negro, a valorização da contribuição africana e a necessidade de conscientização do negro para esses aspectos – bem como a ideia de que esses seriam os elementos preliminares na luta do negro por cidadania plena.

Voltando ao nosso assunto principal, é importante ressaltar que o TEN surgiu, na década de 1940, num contexto nacional e internacional de grandes transformações: no nível nacional, a luta contra a ditadura do Estado Novo e a redemocratização por meio da Assembleia Nacional Constituinte; no nível inter-

---

26. A expressão "elite negra" é aqui usada para definir os negros que produzem um discurso sobre a questão racial brasileira.

nacional, ocorria o processo de descolonização das nações africanas e, nos Estados Unidos, as lutas raciais que marcaram mudanças na proposta de luta dos negros. É a partir daí que boa parte dos negros americanos sai da fase legalista e jurídica e abraça a militância, adotando a filosofia da desobediência civil. Esses momentos marcaram o aprofundamento da consciência negra e uma crescente radicalização, culminando, nos anos 1960, no movimento Black Power (Tavares, 1986, p. 81).

Enquanto a luta do negro no mundo influenciava os negros brasileiros, fazendo-os repensar sua condição e trazendo outras propostas de luta, para as elites nacionais a situação de transparência cada vez maior do racismo americano, contrastando com a ausência de conflitos étnicos no Brasil, reforçava ainda mais a ideia de democracia racial.

O TEN, ao usar a arte teatral como instrumento para seu propósito, apoiava-se na ideia de teatro como tradição ancestral do negro, julgando-o o meio mais adequado para estimular uma maior sensibilidade negra e uma nova consciência étnica. Esse teatro – que tinha como características específicas o movimento, o ritmo, o mágico, o emotivo e a vitalidade, elementos também presentes nos cultos afro-brasileiros discriminados e policiados – era concebido como uma forma de expressão que tocaria mais de perto a sensibilidade do negro. Para o TEN, o teatro, além de retomar esses elementos, permitiria reatar

> o fio histórico recuado no Nilo, raiz do teatro egípcio que evidencia-se uma anterioridade a qualquer teatro não negro [...] Fazer teatro seria retomar este *ethos* perdido a partir da predominância grego-europeia e na colonização,

que consolidou-se uma negação do que seria afinal essencial à própria ideia de teatro [...] enfim a violência branca sepultou e levou ao esquecimento o que é inerente ao negro – a teatralidade. (Müller, 1988, p. 46)

Para o TEN, o teatro seria o instrumento principal também para sensibilizar o público branco acerca dos problemas sociais, políticos e existenciais que atingiam a população negra no Brasil.

* * *

Na sua primeira fase, entre 1971 e 1974, o teatro foi a única atividade do Cecan. Por ora, analisaremos esse momento do Cecan e sua vinculação ao TEN.

O Cecan não apresentava explicitamente a mesma posição do TEN em relação ao uso do instrumento teatral, seus líderes não acreditavam que a teatralidade fosse algo inerente à cultura negra. A preocupação em recuperar a história, segundo o ponto de vista do negro, era mais significativo naquele momento.

Ainda que se considere esse aspecto, o teatro era usado pelo Cecan também como meio de conscientização, e sua proposta de ação aproximou-se, em vários pontos, do que se propunha o TEN. Ressalta-se, também, que Thereza Santos, fundadora do Cecan, foi atriz do TEN e era muito amiga de Abdias Nascimento, seu criador. Cecan e TEN tiveram como eixo principal transformar a ideologia dominante, desalienando e conscientizando o negro para a situação racial no país, estimulando-o a criar uma ideologia étnica. Nas palavras de Thereza, a ideia era

> trabalhar pela consciência negra, para que as pessoas soubessem quem eram, se descobrissem como indivíduos negros nessa sociedade [...] Era a identidade étnica que queríamos incutir no negro [...] o negro [deveria] saber quem é, saber sua história e também o que pode fazer por ele e pela vida dentro desta sociedade racista e discriminadora [...] O teatro era uma forma de levar a consciência para o negro e para o branco, sensibilizá-lo, trazendo-o para nossa luta.

Müller (1988, p. 46) aponta o caráter educador como eixo mais importante do TEN, que buscava

> transformar a mentalidade do povo negro, despertando-lhe a consciência de seu valor próprio, de sua cultura, inculcar-lhe uma dignidade perdida, reabilitá-lo, antes de mais nada, ante si mesmo. Para os brancos, enfatizar sua responsabilidade na produção e reprodução desse problema, convocá-lo e partilhar do esforço na mudança dos padrões de relacionamento interétnico, mas sobretudo desfazer a ideologia racista cristalizada entre eles, mesmo entre os bem intencionados.

Assim como o TEN, que teve como um dos seus propósitos decisivos a "criação de uma elite negra que falasse ativamente pelos negros brasileiros, que os representasse e ao mesmo tempo os educasse para assumirem sua própria identidade" (*ibidem*, p. 14), os líderes do Cecan, com seu trabalho teatral, almejavam que o grupo se transformasse em multiplicador da consciência étnica, envolvendo o branco nesta luta. Nesse sentido, um dos trabalhos do grupo consistia em uma discussão com o público, normalmente composto de negros e brancos, após a apresentação das peças. Havia a ideia de ampliar os instrumentos de atuação do Cecan, voltando-se também para o branco, mas em virtude do autoexílio da diretoria do Cecan, da dissolução do grupo teatral e do intervalo nas atividades da entidade isso acabou não acontecendo.

O projeto do TEN tinha como uma das frentes contrapor-se à visão do intelectual em relação ao negro, entendendo que as formulações teóricas da ideologia da brancura, elaborada pela inteligência brasileira, tornou-se um obstáculo à compreensão do negro por si mesmo e do branco diante do negro. Além das peças, o TEN promoveu congressos, concursos, cursos, eventos e convenções.

O Teatro Experimental do Negro, para Moura (1982, p. 103), "era uma organização que, naquela época (1944), apresentava a negritude de forma consciente, como base filosófica, e desejava, por meio dessa 'ideologia', organizar os negros no Brasil".

A negritude, como conceito, foi cunhado nos anos 1930 por intelectuais negros oriundos das colônias francesas na África e nas Antilhas. Caracterizou-se pelo retorno do negro a si mesmo, pela negação do embranquecimento cultural e pela aceitação de suas heranças socioculturais. Como movimento, começou com uma vertente literária, tendo sido criado em Paris por intelectuais negros que combatiam as teses pseudocientíficas forjadas para justificar a dominação e o racismo e sentiam que, mesmo assimilando a cultura do colonizador, não havia correspondência no nível social – isto é, eles continuavam sendo discriminados e inferiorizados. Posteriormente, o movimento de negritude ampliou-se, incorporando uma dimensão política. Entre seus representantes mais famosos estão W. E. B. Du Bois, Langston Hughes, Étienne Léro, René Menil, Jules Monnerot, Léopold Senghor, Aimé Césaire e Léon Damas.

Césaire estabeleceu três palavras-chave para definir melhor o movimento: *identidade*, que seria assumir-se negro com orgulho; *fidelidade* a uma origem comum, ou seja, a África; *solidariedade* entre todos os negros do mundo, ajudando e preservando a identidade comum.

A ampliação dos objetivos do movimento de negritude aconteceu durante a Segunda Guerra Mundial, quando foi exigido dos negros colonizados um engajamento total em defesa da pátria do seu colonizador, numa guerra que não foi feita por eles. A negritude ganhou assim uma dimensão política, aproximando-se da proposta essencial do pan-africanismo[27]. O movimento também deu forte impulso às organizações políticas e sindicais africanas, oferecendo um quadro ideológico em que os homens de Estado pensavam o desenvolvimento econômico, social e cultural de seus países.

Considera-se que a negritude teve diversas propostas de ação, produto de diferentes contextos sociais e peculiaridades de cada país, mas em essência o movimento foi e é igual em

---

27. Movimento que propunha a união política e cultural dos países africanos e a valorização da cultura negra.

todo o mundo: uma afirmação cultural, moral, física e psicológica do negro, um não ao racismo e às desigualdades sociais, políticas e econômicas fundamentadas no grupo étnico.

O movimento da negritude desempenhou também, historicamente,

> um papel emancipador traduzido pelas independências africanas e estendendo-se como libertação para todos os negros da diáspora, ainda vítimas do racismo branco, como por exemplo nas Américas [...] Ele nasceria em qualquer país onde houvesse a presença de intelectuais negros [...], como nas Américas ou na África. A retomada do negro a si mesmo, a aceitação de sua herança sociocultural, que de antemão deixaria de ser considerada inferior, existiu em todos os lugares, mas sem um nome. (Munanga, 1988, p. 6-7)

O TEN inspirava-se nos representantes do movimento africano de negritude, mas não propunha um rompimento dos laços de dependência, tal como se evidenciava nos movimentos de libertação africanos, pacíficos e armados, enfatizando a conquista de direitos de cidadania e respeito à diferença. A negritude corresponderia, nesse sentido, à produção de uma consciência negra, resgatando uma identidade cultural com raízes na África (Müller, 1988, p. 14). A herança cultural a ser resgatada, naquele momento, era a arte teatral – dramaturgia africana imemorial –, levada ao esquecimento pela cultura colonial.

Além de resgatar o teatro como cultura negra, o TEN foi responsável pela introdução do negro no teatro brasileiro – não mais como figura decorativa em papéis subalternos, exóti-

CENTRO DE CULTURA E ARTE NEGRA – CECAN

cos e folclóricos, mas como protagonista e herói. Além disso, ofereceu ao negro a oportunidade de conhecer seu papel na sociedade brasileira e sua herança africana, dando-lhe a oportunidade de trocar informações e experiências sobre a problemática racial e sobre questões mais gerais da sociedade.

O TEN era composto de pessoas, em sua maior parte, originárias das camadas populares – empregadas domésticas, operários –, às vezes analfabetas, mas com grande potencial artístico. Trabalhou com a formação de atores, promoveu um curso de alfabetização e divulgou informações importantes para os negros brasileiros.

Considerando os aspectos descritos, pode-se afirmar que o Cecan teve como ideia-chave a questão da negritude conforme colocada pelo TEN, ou seja, a produção de uma consciência étnica, buscando a África como referência simbólica de identidade, no sentido de volta às raízes. Essa preocupação é verificável, por exemplo, no catálogo que apresenta a primeira atividade do Cecan, a peça teatral "E agora... falamos nós", em que há uma citação do poeta do Léopold Senghor: "Mergulhar até as raízes de nossa raça, e construir sobre nossas essências profundas, não é voltar ao estado selvagem: é a verdadeira cultura". O mesmo ocorre no editorial do jornal *Jornegro*, órgão de divulgação do Cecan:

> É tempo de buscarmos as soluções de nossos problemas inicialmente em nós mesmos, superando o sentimento de inferioridade tão enraizado em cada um de nós, depois de 400 anos de escravidão, e que nos leva a rejeitar nossos hábitos e costumes. Vamos começar pelo princípio.

Temos que fazer com que nossa gente tenha orgulho das "coisas de negro", sempre citadas de forma pejorativa e que todos nós já negamos alguma vez, por timidez ou vergonha. Cabe àqueles que já superaram essa fase auxiliar os nossos irmãos que ainda se sentem diminuídos e sem qualquer resposta a tantas formas como se manifesta diariamente o racismo em nosso país. (*Jornegro*, ano 3, n. 9, p. 2, Editorial)

Para os líderes do Cecan, se o negro é oprimido em sua etnia, por meio de um racismo explícito ou velado, ele precisa, antes de tudo, tomar consciência das suas origens, ou seja, voltar-se para suas raízes negras, colocar-se no terreno da reflexão e da subjetividade, fazendo uma reimersão em si para criar uma autoimagem positiva, rompendo e contrapondo-se à imagem negativa de inferior, subalterno, despossuído de valores e civilidade forjada pelo branco no bojo da escravidão e perpetuada pelos mais variados meios.

Assim como o TEN, o Cecan representou um embate de ideias que se contrapunha à ideologia dominante – racismo e ideal de branqueamento. Enquanto o TEN recuperou o teatro como cultura negra, o Cecan, em sua primeira fase, deu continuidade ao uso do teatro como instrumento para a conscientização étnica, mas enfatizando o resgate de um dos componentes da identidade cultural: a história como elemento mais importante a ser trabalhado para a constituição da identidade.

Essa posição corresponde à concepção de alguns intelectuais da negritude, como Joseph Ki-Zerbo (*apud* Munanga, 1988, p. 46), que exortava os africanos a estudar sua história, corrigindo o que foi escrito sem e contra eles, afirmando que

CENTRO DE CULTURA E ARTE NEGRA – CECAN

"uma pessoa despojada de sua história, ela estranha a si mesma, aliena-se. A história é a memória das nações". Para Anta Cheik Diop (*ibidem*), "o essencial para cada comunidade é reencontrar o fio condutor que a liga a seu passado ancestral o mais longínquo possível".

Enfim, pode-se afirmar que o Cecan, na sua origem, retomou as propostas do TEN no tocante à atuação pela desalienação do negro, fundamentando-se na negritude africana e usando o teatro como instrumento essencial para esse fim. O aspecto pedagógico e multiplicador, visando criar uma elite negra, esteve presente em ambas as instituições, bem como a denúncia da falsa democracia racial, e a ideia de tentar mudar a ideologia racial brasileira, incluindo negros e brancos no seu projeto.

A TRANSFORMAÇÃO

Com a dissolvência de seu grupo teatral, o Cecan ficou sem atividade por dois anos, tendo sido reativado em 1976 e extinto permanentemente em 1981. O que chama a atenção, no primeiro momento, é que o Cecan, como grupo teatral, além de atuar pela consciência étnica, denunciava o racismo e buscava conscientizar o branco diante da problemática racial do país. Porém, ao retomar suas atividades, em 1976, sua proposta contempla apenas a comunidade negra. Isso se dá quando a entidade cria uma multiplicidade de atividades, ampliando sobremaneira seu instrumento de ação com um trabalho educacional (alfabetização, inglês, supletivo, biblioteca), um jornal comunitário e uma federação de entidades afro-brasileiras. Sua sede social transformou-se num espaço vivo, dinâmico, que congregava negros dos variados grupos sociais – de uma elite negra e estudantes a negros com menos escolarização e de baixa renda, alguns com um passado de militância e outros iniciando-a, naquele momento. Observa-se que o Cecan continuou com a mesma proposta de atuar pela ampliação da consciência étnica, mas a denúncia do racismo para a sociedade como um todo e a conscientização do branco para as questões raciais não se colocavam.

Outro aspecto importante consiste no seguinte: a aglutinação de uma diversidade de membros, atrelada à dinamicidade de sua atuação, teve como consequência uma heterogeneidade de pensamento. Esse fato deu origem a algumas divergências, que levaram a cisões e ao afastamento de participantes e lideranças. Com esses desligamentos, a organização entrou num lento processo de declínio, culminando com o término gradativo de suas atividades, até seu fechamento.

A divergência fundamental situava-se no fato de a entidade não incluir, na sua proposta, uma atuação voltada para a sociedade mais ampla, ou seja, a denúncia do racismo agregada à luta pelo reconhecimento da etnicidade e associada ao conjunto mais amplo das lutas sociais.

Esses fatos levam a uma reflexão acerca dos limites e possibilidades da proposta do Cecan.

O racismo fundamenta-se na inferioridade física e cultural do negro, acarretando-lhe alienação, negação de suas origens e um sentimento generalizado de inferioridade.

O racismo faz que ele não tenha uma identidade positiva, a qual possa afirmar ou negar, pois ao nascer com a

> pele preta e/ou caracteres do tipo negroide e compartilhar de uma história de desenraizamento, escravidão e discriminação racial não vai organizar por si só uma identidade racial, não vai organizar por si só uma identidade negra. (Souza, 1983, p. 77)

O Cecan, no seu segundo momento de atuação, volta-se exclusivamente para esse assunto e tenta romper com essa situação.

É nesse sentido que ele deu ênfase ao peso da colonização cultural, ou seja, o embranquecimento físico e cultural, nos mesmos moldes dos ideólogos do movimento de negritude, e apontou esses fatores como elementos determinantes para a inexistência de uma identidade étnica. Sua proposta de negritude entendia que a identidade étnica vinculava-se à cidadania, isto é, ao direito à diferença e sua resolução como condição preliminar para a luta do negro por direitos sociais mais amplos. A ausência dessa identidade era considerada um problema fundamental do brasileiro negro. Desse modo, o Cecan opta por uma proposta de ação dirigida a preparar o negro etnicamente para os embates da sociedade racista, tendo claro que um trabalho para a sociedade mais ampla era importante, mas que não seria naquele momento um papel da organização.

Segundo Milton Barbosa, "as reivindicações sociais e políticas não eram negadas como importantes pelo Cecan, mas a ênfase e a estrutura da entidade eram as questões culturais e de identidade para a reorganização do negro".

A negritude africana passou a influenciar as entidades negras de São Paulo a partir da década de 1970, mas consolidou-se como verdadeiro ideário de princípios após 1975, quando surgem muitas organizações voltadas somente para a comunidade negra, entre elas o Cecan. Como já vimos, o crescimento dessas entidades deveu-se a fatores de ordem econômica, social e política.

O Cecan configurou-se, nesse segundo momento, como uma organização de negros para negros, onde os brancos sofriam restrições, inclusive de entrada no grupo. A ação voltava-se para a mobilização interna: a ideia era mostrar ao negro que este não devia ter vergonha de ser negro. Nesse sentido, teve início o estímulo às mudanças estéticas: tranças, o estilo afro de cabelo (natural e crespo) e o uso de batas no estilo africano, enfim, a valorização de tudo que não era considerado belo pelos padrões estéticos da cultura branca ocidental. Isso estava presente no comportamento dos seus líderes, nas atividades educacionais e culturais e no jornal comunitário. Para Maria Inês da Silva Barbosa,

> vivia-se um processo de desinferiorização, valorizando-se, por exemplo: a maneira de se pentear, cumprimentar; pesquisando-se descobrindo-se nomes africanos e dando-se aos filhos, resgatando-se coisas que nos identificavam como negros, em termos de existência [...] O branco era visto como aquele que teve outra cultura, outra leitura da vida, uma outra vivência...

Enfim, a dinâmica interna do Cecan levou avante a ideia de que o essencial era a volta do negro a si mesmo, a criação de uma identidade negra. A entidade resgatou tudo que acreditava ser cultura negra – escola de samba, candomblé, manifestações tidas como folclóricas (danças e músicas), certos hábitos alimentares, a produção de livros, jornais, e artes plásticas feitas por negros etc. Enfatizou seus símbolos positivos, tais como seu aspecto de resistência, sua presença marcante na sociedade brasileira e sua origem numa África ainda idealizada. A história do negro também foi resgatada, enfatizando-se a resistência à escravidão, assim como seus heróis.

Quanto aos instrumentos de atuação, eram viabilizados por meio da experiência pessoal dos seus líderes e organizadores. Na primeira fase da entidade, Thereza Santos usou a arte teatral para trabalhar pela causa negra. Na segunda fase, jornalistas, estudantes de jornalismo, professores de inglês e de música, fotógrafos e educadores com experiência em educação popular levaram adiante as propostas do Cecan.

Estes aspectos apontam para uma continuidade da proposta do TEN, principalmente no que se refere ao trabalho educativo e ao resgate de uma identidade étnica, que buscava na cultura elementos afirmadores de particularidades que davam unidade ao grupo.

O Cecan, com sua proposta, tornou-se, entre outras coisas, um espaço de agregador. Ao unificar as demandas negras, a entidade produziu grandes mudanças: reforçou a solidariedade entre seus membros, possibilitando uma sociabilidade mais intensa; exercitou em seus membros o sentimento de igualdade, eliminando o sentimento de inferioridade inculcado pelos outros grupos étnicos. No Cecan, havia união e coesão no tocante à percepção de pertencer ao grupo, advogando-se a mesma ideia de afirmação racial.

Assim, a cultura serviu de norte para que o Cecan combatesse a folclorização do negro e permitiu a consolidação de uma identidade étnica, que por sua vez criou o alicerce de uma ação política mais ampla. Nesse sentido, a entidade, ainda que com atuação dirigida e localizada, contribuiu para fortalecer o negro e o movimento negro. Além disso, gestou em seu interior novos grupos e propostas.

Uma das preocupações do Cecan, que perpassava todas as suas atividades, era atingir o segmento da comunidade menos informado, composto pela maioria da população. Porém, foi muito pequena a presença desse contingente nas suas ações. O Cecan atingiu o negro informado, isto é, aquele que teve melhores oportunidades educacionais e certa mobilidade social. Ao que parece, o negro que ascende socialmente por deter mais conhecimento e informação do que o grosso da população negra é mais sensível à problemática racial.

O Cecan deu formação étnica e política ao negro que fazia o primeiro contato com uma organização desse tipo. O depoimento de Maria Lúcia da Silva exemplifica o que a entidade representou na vida pessoal e social de seus membros:

> Eu não tinha claro se o racismo existia ou não [...] Sempre estive no meio de negros, mas sem ter muita consciência do racismo; isso era contraditório. Sentia que era discriminada, mas não era uma cabeça que pensava politicamente. E não conseguia, no debate com o outro, explicitar essa coisa [...] Quando comecei a participar do Cecan, eu era uma pessoa completamente alienada, tinha passado pelo processo 64 e 68 completamente alienada de tudo que havia acontecido...

CENTRO DE CULTURA E ARTE NEGRA – CECAN

O Cecan agregou, também, uma juventude de militantes que já tinham certa militância política, como aqueles oriundos do movimento estudantil e de organizações da esquerda socialista. Este fato possibilitou a disseminação de grupos que levaram a discussão racial para dentro dos partidos políticos e para suas organizações, gerando novas reflexões acerca da problemática racial. É o caso, por exemplo, do Núcleo Negro Socialista, composto por alguns membros que participavam do Cecan.

Podemos dizer que o Cecan possibilitou, assim, a ampliação de uma elite negra – pessoas que produzem um discurso e também uma ação acerca da questão racial – à medida que, com sua proposta refletida na dinamicidade de suas atividades, atraía negros para sua sede social. Desse modo, permitiu a gestação de uma nova tendência, que achava que não bastava preparar o negro etnicamente para melhor defender-se na sociedade racista, mas talvez estivesse na hora de colocar essas questões para a sociedade como um todo. Iniciaram-se várias discussões e questionamentos. Segundo Milton Barbosa, entre esses questionamentos estavam "continuar com um trabalho somente para a comunidade ou expandi-lo, buscando o apoio e respaldo dos outros movimentos sociais não negros? Ficar na militância, pensando apenas na consciência e identidade étnica ou passar para uma discussão acerca da cidadania como um todo?"

Essas questões transformaram-se em discussões muito calorosas, que uma parte do Cecan não encampou, acreditando que o trabalho deveria ser, naquele momento, voltado somente para a comunidade negra.

Algum tempo depois, essa tendência transformou-se em um grupo de dissidentes que se desvinculou do Cecan e lançou outra organização, o Movimento Negro Unificado Contra a Discriminação Racial (MNUCDR). Surgiram também novas organizações, como um grupo voltado para a literatura que criou, posteriormente, o Quilombohoje – que atua até hoje produzindo contos e poesias e publicando os "Cadernos Negros".

Sem sombra de dúvida, a tendência que criou o MNUCDR foi a mais importante, pois após sua fundação a proposta do Cecan arrefeceu e perdeu muitos membros. Considera-se que esses questionamentos foram possíveis em virtude da aglutinação e das atividades desencadeadas no interior do Cecan, ainda que várias delas não tenham obtido o êxito planejado.

De fato, o Cecan teve uma atuação política, mas contribuiu para a própria extinção ao não ampliar suas propostas para questões gerais da sociedade relacionadas aos negros e a outros grupos oprimidos. Quanto a isso, Mercadante (1988, p. 168) afirma que

> as identidades são políticas no sentido de núcleos políticos estratégicos numa perspectiva de manutenção ou mudança cultural do próprio grupo. Essa é a sua faceta primeira e mais forte. Talvez o progresso que se consiga numa direção possa tornar mais fácil a transformação política propriamente dita, no sentido das realidades concretas do poder [...], desde que se aliem aos outros setores do poder [...], aos outros setores da sociedade mais inclusiva.

Considera-se que o que determinou o fechamento do Cecan foi a ausência dessa percepção.

A organização, por uma questão de coerência e autenticidade, foi expurgando os membros que detinham ideias divergentes, sem conseguir atrair novos quadros nem perceber que poderia atuar tanto pela conscientização étnica como por propostas políticas e sociais mais amplas.

Ter consciência racial e política, conhecer as causas históricas do racismo e da opressão social é indispensável, mas não é suficiente para removê-las. Esses conhecimentos são ferramentas da maior importância nas estratégias de libertação, mas não o próprio elemento libertador. Segundo Azevedo (1987, p. 56), "a libertação dos marginalizados começa no conhecimento histórico, avança com as organizações populares, se fortalece na concretização da força, efetiva-se com as pressões às decisões políticas e consolida-se na observância dos direitos dos oprimidos".

Ainda que se considerem todas essas questões, organizações como o Cecan são fundamentais por acreditar que a construção de uma identidade negra seria uma forma de se opor à desvalorização engendrada pelo racismo, que impôs a destruição da história étnica e pessoal do negro durante a formação de sua identidade; por combater a assimilação de um modelo branco de identificação; por denunciar o desejo de embranquecimento físico e cultural e a negação da origem étnica africana.

De acordo com Munanga (1989, p. 26), tais instituições contribuem para a

> resolução dos problemas específicos dos negros e que só ele pode resolver, embora possa contar com a solidarie-

dade dos elementos conscientes da sociedade. Entre seus problemas específicos destacam-se, entre outros, a sua alienação, seu complexo de inferioridade e falta de conscientização histórica e política. Graças à busca de sua identidade, que funciona como uma espécie de terapia, o negro poderá se despojar de seu complexo de inferioridade e se colocar em pé de igualdade com os outros oprimidos, o que é uma condição preliminar para uma luta coletiva.

Em resumo, a proposta do Cecan ampliou o conceito de cidadania, incluindo em seu leque o direito à diferença. A luta do negro pela cidadania plena (civil, social e política) passa necessariamente pelo resgate e pela definição de uma identidade étnica, e organizações como o Cecan podem cumprir plenamente este papel.

Conclusão

A trajetória do Cecan revela os limites de uma organização com propostas restritas ao aspecto étnico. Se de um lado ela foi de extrema importância, por possibilitar a libertação do negro do seu sentimento de inferioridade, conscientizando-o e permitindo-lhe romper com a ideologia racial dominante – criando e ampliando uma camada de negros que podem se tornar multiplicadores dessa consciência étnica –, de outro ela só conseguiu atrair o segmento de negros informados, da classe média, em detrimento dos negros mais pobres – os quais constituem a maioria da população.

Mas se a identidade étnica torna o negro capaz de romper com a ideologia racial dominante, por si só não resolve a sua problemática social, econômica e política. Nesse aspecto, torna-se necessário um projeto político de transformação da sociedade que possibilite aos negros, além de denunciar o racismo, aliar-se aos outros grupos oprimidos, conscientizando-os de que o racismo é um elemento de exclusão política e econômica.

Bibliografia

Livros, artigos em livros e dissertações

AZEVEDO, Eliana. *Raça-conceito e preconceito*. São Paulo: Ática, 1987.
BERND, Zilá. *Negritude e literatura na América Latina*. Porto Alegre: Mercado Aberto, 1987.
BIKO, Steve. *Escrevo o que EU quero*. São Paulo: Ática, 1990.
BORGA, Francisco S. (org.). *Dicionário Unesp do português contemporâneo*. São Paulo: Editora da Unesp, 2004.
CARDOSO, Paulino de Jesus. *Reflexões para uma pesquisa sobre o movimento negro das décadas de 70 e 80*. Pontifícia Universidade Católica de São Paulo, dez. 1989, mimeo.
CHAUI, Marilena de Souza. *Cultura e democracia*. São Paulo: Brasiliense, 1985.
CUNHA, Manuela Carneiro da. *Negros estrangeiros*. São Paulo: Brasiliense, 1985.
FANON, Frantz. *Pele negra, máscaras brancas*. Salvador: Fator, 1983.
FERNANDES, Florestan. *O negro no mundo dos brancos*. São Paulo: Difel, 1973.
_____. *Circuito fechado*. São Paulo: Hucitec, 1977.
_____. *A integração do negro na sociedade de classes*. São Paulo: Ática, 1978, v. I e II.

FERRARA, Miriam. *Imprensa Negra em São Paulo (1915-1963)*. Dissertação (Mestrado em História) – Faculdade de Filosofia, Letras e Ciências Humanas, Universidade de São Paulo, São Paulo (SP), 1986.

FREYRE, Gilberto. *Casa-grande e senzala*. Rio de Janeiro: José Olympio, 1950.

GONZALEZ, Lélia. "Movimento negro na última década". In: GONZALEZ, Lélia; HASENBALG, Carlos. *Lugar de negro*. Rio de Janeiro: Marco Zero, 1982.

HASENBALG, Carlos A. *Discriminações e desigualdades raciais no Brasil*. Rio de Janeiro: Graal, 1979.

_____. "Raça, classe e mobilidade". In: GONZALEZ, Lélia; HASENBALG, Carlos. *Lugar de negro*. Rio de Janeiro: Marco Zero, 1982.

HASENBALG, Carlos; SILVA, Nelson do Valle. *Estrutura social, mobilidade e raça*. Rio de Janeiro: Iuperj, 1990.

IANNI, Octávio. *As metamorfoses do escravo*. São Paulo: Difel, 1962.

_____. *Raças e classes sociais no Brasil*. 2. ed. São Paulo, Brasiliense, 1985.

MOTA, Carlos Guilherme. *Ideologia da cultura brasileira (1933-1974)*. 4. ed. São Paulo: Ática, 1980.

MOURA, Clóvis. "Organizações negras". In: *São Paulo: o povo em movimento*. Rio de Janeiro. Vozes, 1981.

_____. *Brasil: as raízes do protesto negro*. São Paulo: Global, 1982.

MUNANGA, Kabengele. *Negritude – Usos e sentidos*. São Paulo: Ática, 1988.

NASCIMENTO, Abdias (introd. e org.) *Drama para negros e prólogo para brancos*. Rio de Janeiro: Teatro Experimental do Negro, 1961.

_____. *O quilombismo*. Petrópolis: Vozes, 1980.

_____. *O negro revoltado*. 2. ed. Rio de Janeiro: Nova Fronteira, 1982.

NASCIMENTO, Maria Ercilia. *A estratégia da desigualdade – Movimento negro dos anos 70*. Dissertação (Mestrado em Ciências Sociais) – Faculdade de Ciências Sociais, Pontifícia Universidade Católica de São Paulo, São Paulo (SP), 1989.

ORTIZ, Renato. *Cultura brasileira e identidade nacional*. São Paulo: Editora da PUC, 1986.

RUDÉ, George. *Ideologia e protesto popular*. Rio de Janeiro: Zahar, 1982.

SARTRE, Jean-Paul. *Reflexões sobre o racismo*. São Paulo: Difel, 1968.

SCHWARZ, Roberto. *Ao vencedor as batatas*. 2. ed. São Paulo: Duas Cidades, 1981.

SINGER. Paul. "Movimentos sociais em São Paulo: traços comuns e perspectivas". In: *São Paulo: o povo em movimento*. Petrópolis: Vozes, 1981.

SKIDMORE, Thomas. *Preto no branco – Raça e nacionalidade no pensamento brasileiro*. Rio de Janeiro: Paz e Terra, 1976.

SOUZA, Neusa Santos. *Tornar-se negro*. Rio de Janeiro: Graal, 1983.

Artigos em periódicos

BASTOS, Elide Rugai. "Um debate sobre a questão do negro no Brasil". *São Paulo em perspectiva*, São Paulo, v. II, n. 2, abr.-jun. 1988.

BORGES PEREIRA, João Batista. "A cultura negra: resistência de cultura à cultura de resistência". *Dédalo*, São Paulo, MAE/USP, n. 23, 1964a.

_____. "Negro e cultura negra". *Dédalo*, São Paulo, MAE/USP, n. 23, 1964b.

_____. "Negro e cultura negra no Brasil atual". São Paulo, *Revista de Antropologia*, n. 26, 1983, p. 93-105.

CONSORTE, Josildeth Gomes. "A questão do negro: velhos e novos desafios". *São Paulo em Perspectiva*, São Paulo, v. V, n. 1, 1991, p. 85-92.

FERNANDES, Florestan. "O protesto racial". *São Paulo em Perspectiva*, São Paulo, Fundação Seade, v. II, n. 2, abr.-jun. 1988.

FERREIRA, Gilberto A. "A identidade negra: descaminhos. *São Paulo em Perspectiva*, São Paulo, Fundação Seade, v. II, n. 2, abr.-jun. 1988.

MATTOS, Odacir. "Comunicação apresentada no Simpósio Educação e Descolonização Cultural". *Estudos Afro-Asiáticos*. Rio de Janeiro, Cadernos Cândido Mendes, n. 8 e 9, 1983.

MAUES, Maria Angélica Motta. "Entre o branqueamento e a negritude: o TEN e o debate da questão racial". *Teatro Experimental do Negro*, Dionysos, Minc/Fundacen, n. 28, 1988.

MERCADANTE, Elizabeth F. "Identidade étnica e política". *Religião, política e identidade*, São Paulo, Educ, série Cadernos PUC, n. 33, 1988.

MÜLLER, Ricardo Gaspar. "Identidade e cidadania: o Teatro Experimental do Negro". *Teatro Experimental do Negro*, Dionysos, Minc/Dundacen, n. 28, 1988.

MUNANGA, Kabengele. "Alguns elementos para entender o racismo". São Paulo, USP, s/d, mimeo.

_____. "Preconceito de cor: diversas formas, num mesmo objetivo". *Revista de Antropologia*, São Paulo, n. 21, "2ª parte", 1978.

_____. "Algumas reflexões críticas sobre o conceito de negritude no contexto afro-brasileiro". *Educação e Descolonização Cultural – Estudos Afro-Asiáticos*, Rio de Janeiro, Cadernos Cândido Mendes, n. 8 e 9, 1983.

_____. "Raízes científicas do mito do negro e do racismo ocidental". *Temas Imesc, Sociedade, Direito e Saúde*, São Paulo, 1984.

_____. "Construção da identidade negra: diversidade de contextos e problemas ideológicos". *Religião, Política e Identidade*, São Paulo, Educ – série Cadernos PUC, n. 33, 1988.

_____. "Negritude afro-brasileira: perspectivas e dificuldades". *Padê*, Revista do Centro de Referência Negromestiça, Salvador, Cerne, n. 1, jul. 1989.

SANTOS, Joel Rufino dos. "Para que serve o negro?" *Padê*, Revista do Centro de Referência Negromestiça, Salvador, Cerne, n. 1, jul. 1989.

SEMINÁRIO "O pensamento de esquerda e a questão racial". *Estudos afro-asiáticos*, Rio de Janeiro, Cadernos Cândido Mendes, n. 12, 1986.

TAVARES, Júlio César. "Teatro Experimental do Negro: contexto, estrutura e ação". *Teatro Experimental do Negro*, Dionysos, Minc/Fundacen, n. 28, 1986.

TOURAINE, Alain. "Os novos conflitos sociais. Para evitar mal-entendidos". *Lua Nova*, São Paulo, n. 17, jun. 1989 (Movimentos Sociais: Questões Conceituais)

VALENTE, Ana Lúcia E. Farah; GUSMÃO, Neusa Maria Mendes. "Movimentos sociais: os negros, cultura e resistência". *Religião, Política, Identidade*, São Paulo, Educ – série Cadernos PUC, n. 33, 1988.

VIGEVANI, Tullo. "Movimentos sociais na transição brasileira: a dificuldade de elaboração do projeto". *Lua Nova*, São Paulo, n. 17, junho 1989 (Movimentos Sociais: Questões Conceituais).

Jornais, publicações e documentos do Centro de Cultura e Arte Negra

Atas de assembleias gerais do Cecan, 1972, 1977, 1978 e 1980.

Atas de assembleias gerais extraordinárias da Feabesp, 1977 e 1978.

Atas de reuniões de coordenadores do Cecan, 8 jan. 1978 a 4 jun. 1978.

Atas de reuniões do grupo educação, 1977, 1978 e 1979.

Atas de reuniões do *Jornegro*, 1979.

Boletim-convite do I Centenário de Nascimento de Lima Barreto, Cecan, 1981.

Carta convocatória de assembleias gerais da Feabesp, 1977 e 1978.

Carta convocatória para eleição da diretoria definitiva, 1978.

Carta de demissão do primeiro presidente do Cecan, 1972.

Carta-convite "Organização do *Jornegro*", elaborado por Comissão Organizadora, 1977.

Cartilha "Curso de alfabetização", s/d.

Catálogo da peça teatral "E... agora falamos nós", 1971.

Certificado de aprovação da Censura Federal da peça teatral "E agora... falamos nós".

Cópias de correspondência enviada pelo Cecan e pela Feabesp, 1978 a 1981.

Correspondência recebida pelo Cecan e pela Feabesp vinda da capital, do interior, de outros estados e de outros países, 1978 a 1981.

Edição especial do *Jornegro*. Feconezu/Feabesp, 1979.

Estatuto da Feabesp, s/d.

Estatuto do Cecan, 1976, minuta do Estatuto de 1978 e Estatuto de 1978.

Folheto do programa Ciclo de Depoimentos "O negro e suas associações", Cecan e Grêmio Recreativo Esportivo Coimbra, 1978.

Informes sobre *Jornegro* e Feabesp, documentos elaborados pela equipe estruturação, 21 fev. 1978.

Jornegro, órgão de divulgação da Federação das Entidades Afro-Brasileiras do Estado de São Paulo, 1979 a 1980.

Jornegro, órgão de divulgação do Centro de Cultura e Arte Negra, São Paulo, 1980 a 1981.

OLIVEIRA E OLIVEIRA, Eduardo de; SANTOS, Thereza. *E...agora falamos nós*, 1970 (revisado por Thereza Santos em 1982).

Panfleto de divulgação "Curso Manego-Cecan", s/d.

Projeto Biblioteca Circulante, s/autor, s/d.

Proposta de carta-convite às entidades negras, 1978.

Propostas das equipes do Cecan: criança, 1978, educação, 1977 e 1978, inglês, s/d; cultural, s/d, estruturação/diretoria, s/d, biblioteca, s/d.

Regimento interno do Cecan, s/d.

Regulamento da biblioteca do Cecan, s/d.

Relato sobre a criação do *Jornegro* e da Feabesp, s/autor, s/d.

Relatório "Alfabetização Cecan – Uma experiência em educação – 1977 e 1978", equipe educação, s/d.

Relatório de Realização da equipe cultural, 1978.

Relatório de reuniões do II Feconezu, Comissão Organizadora, 1978 a 1980.

Relatórios de avaliação do II e III Feconezu. Comissão Organizadora, 1979 e 1980.

"Sistematização da experiência em educação no Cecan", s/autor, s/d.

Jornais, revistas e publicações do movimento negro

"Afro-Latino-América", jornal *Versus*, São Paulo, n. 23, jul.-ago. 1976.

Árvore das Palavras, São Paulo, n. 12, 13, 14, 15.

Boletim Derebô, Associação Cívica Cultural Beneficente Desportiva e Recreativa pelo Renascimento Humano, São Paulo, s/d.

Boletim II, Grupo Negro da PUC, São Paulo, 1982.

Boletim "Semana de Zumbi", Cecab/Cecan/Centro de Estudos Afro-Brasileiros, São Paulo, 1978.

Boletim-convite 1º Feconezu, São Paulo, 1978.

Boletim Informativo 2º Feconezu, Clube José do Patrocínio, Ribeirão Preto, 1979.

Convite de lançamento dos "Cadernos Negros", São Paulo, n. 16 e 17, *Quilombhoje*, 1993/ 1994.

Folheto-convite do 3º Feconezu, Grupo Congada, São Carlos, 1980.

Folheto de divulgação Feconezu, Comissão Organizadora, São Paulo, 1980.

Folheto de divulgação "Quinzena do Negro", São Paulo, 1977.

Folheto de divulgação da Participação Universalista pelo Renascimento Humano (PURHu), São Paulo, s/d.

Folhetos de divulgação Feconezu, Comissão Organizadora, Ribeirão Preto, 1979.

Revista do MNU, São Paulo, n. 3, mar.-abr. 1981.

Revista do MNU, São Paulo, n. 4, jul.-ago. 1981.

www.gruposummus.com.br

------------------------ dobre aqui ------------------------

CARTA-RESPOSTA
NÃO É NECESSÁRIO SELAR

O SELO SERÁ PAGO POR

AVENIDA DUQUE DE CAXIAS
214-999 São Paulo/SP

------------------------ dobre aqui ------------------------

CENTRO DE CULTURA E ARTE NEGRA – CECAN

CADASTRO PARA MALA DIRETA

Recorte ou reproduza esta ficha de cadastro, envie completamente preenchida por correio ou fax, e receba informações atualizadas sobre nossos livros.

Nome: _____ Empresa: _____
Endereço: ☐ Res. ☐ Com. _____ Bairro: _____
CEP: ____-____ Cidade: _____ Estado: _____ Tel.: ( ) _____
Fax: ( ) _____ E-mail: _____
Profissão: _____ Professor? ☐ Sim ☐ Não Disciplina: _____
Grupo étnico principal: _____ Data de nascimento: _____

1. Onde você compra livros?
☐ Livrarias ☐ Feiras
☐ Telefone ☐ Correios
☐ Internet ☐ Outros. Especificar: _____

2. Onde você comprou este livro? _____

3. Você busca informações para adquirir livros por meio de:
☐ Jornais ☐ Amigos
☐ Revistas ☐ Internet
☐ Professores ☐ Outros. Especificar: _____

4. Áreas de interesse:
☐ Autoajuda ☐ Espiritualidade
☐ Ciências sociais ☐ Literatura
☐ Comportamento ☐ Obras de referência
☐ Educação ☐ Temas africanos

5. Nestas áreas, alguma sugestão para novos títulos? _____

6. Gostaria de receber o catálogo da editora? ☐ Sim ☐ Não

Indique um amigo que gostaria de receber a nossa mala direta

Nome: _____ Empresa: _____
Endereço: ☐ Res. ☐ Com. _____ Bairro: _____
CEP: ____-____ Cidade: _____ Estado: _____ Tel.: ( ) _____
Fax: ( ) _____ E-mail: _____
Profissão: _____ Professor? ☐ Sim ☐ Não Disciplina: _____ Data de nascimento: _____

Selo Negro Edições
Rua Itapicuru, 613 7º andar 05006-000 São Paulo - SP Brasil Tel. (11) 3872-3322 Fax (11) 3872-7476
Internet: http://www.selonegro.com.br e-mail: selonegro@selonegro.com.br

recorte aqui

cole aqui